긍정적인 사고를 위한 7가지 방법
긍정적인 사람,
부정적인 사람

BUSINESS KYOYO TOSHITENO SHINRIGAKU NYUMON

by ENOMOTO Hiroaki

Copyright ⓒ 2011 ENOMOTO Hiroaki

All rights reserved.

Originally published in Japan by NIKKEI PUBLISHING INC., Tokyo.

Korean edition is published by ParaBooks CO., Seoul.

Korean translation rights arranged with

NIKKEI PUBLISHING INC., Japan

through THE SAKAI AGENCY and B&B AGENCY.

이 책의 한국어판 저작권은 B&B 에이전시를 통해 일본경제신문사와의 독점계약으로 (주)파라북스에 있습니다. 저작권법에 의해 한국 내에서 보호를 받는 저작물이므로 무단전재와 무단복제를 금합니다.

에노모토 히로아키 지음 | 차경숙 옮김

파라북스

긍정적인 사람,
부정적인 사람
긍정적인 사고를 위한 7가지 방법

초판 1쇄 인쇄 | 2013년 12월 10일
초판 1쇄 발행 | 2013년 12월 15일

지은이 | 에노모토 히로아키
옮긴이 | 차경숙
펴낸이 | 김태화
펴낸곳 | 파라북스
마케팅 | 박경만
책임편집 | 전지영
본문디자인 | 디자인수

등록번호 | 제313-2004-000003호
등록일자 | 2004년 1월 7일

주소 | 서울특별시 마포구 월드컵북로 6길 93, 301호 (연남동 567-39)
전화 | 02) 322-5353
팩스 | 02) 334-0748

ISBN 978-89-93212-43-3 (13320)
＊값은 표지 뒷면에 있습니다.

| 머리말 |

인간 심리와 비즈니스

    2002년 노벨 경제학상을 수상한 사람은 놀랍게도 미국 프린스턴대학교 심리학과 교수인 대니얼 카너먼이었다. 심리학자가 노벨 경제학상을 받은 것은 획기적인 일이 아닐 수 없다. 이를 계기로 인간의 감정이나 심리학이 경제에 미치는 영향이 더욱 더 부각되었고, 사람들은 "감정이 경제를 움직인다"거나 "심리학이 비즈니스를 이끌게 될 것"이라는 말을 하게 되었다.

    인간행동 배후에 심리 메커니즘이 작용한다는 점은 이미 널리 알려진 사실이다. 비즈니스는 사람이 사람을 상대로 하는 것이다. 따라서 비즈니스 관계로 만나는 모든 유형의 사람들, 소비자, 고객, 상사, 부하, 종업원, 심지어 자기 자신의 심리까지 잘 알아둘 필요가 있다. 결국 비즈니스의 성공을 위해서는 인간심리에 관심을 집중해야 한다는 것이다.

    현대는 물질의 세계에서 마음의 세계로 바뀌고 있다. 물질의 범람과 욕구의 성숙으로 인해, 적지 않은 사람들이 물질의 충족만으로는 더 이상 가치를 느끼지 못한다. 또 다른 한편에서는 경제적 결여로 물질적 만족을 단념해야 하는 사람들이 점점 더 많아지고 있다. 결국 이러한 상황에서 중요한 테마는 "어떻게 마음을 충족시킬 것인가?"이다.

미국에서는 심리학이 비즈니스 세계에 다양한 형태로 활용되고 있다. 일본에서도 일찍이 비즈니스 분야에서 심리학 붐이 일었지만, 심리게임으로 상징되는 근거가 매우 약한 심리놀이에 불과했을 뿐이었고 비즈니스 세계에 영향을 끼치지는 못했다.

그러나 앞으로는 경제학이 아니라 심리학이 비즈니스의 기본이 되어야 한다고 말하는 기업 총수도 있다. 바야흐로 마음의 충족에 초점을 맞추지 못하는 비즈니스는 성공하기 어려운 시대가 온 것이다. 최근 절약을 중요하게 여기는 사람들이 늘고 있지만, 값이 조금 비싸더라도 스스로 만족하는 것을 찾는 사람들 역시 늘고 있다. 이러한 사실도 소비에 관한 현대인의 욕구 구조가 바뀌었음을 반영하는 것이다.

그렇다면 비즈니스의 기본이 되는 심리학의 개념으로는 어떤 것들이 있을까? 그 개념들이 비즈니스의 세계에 어떻게 적용될까? 그리고 좀 더 구체적으로 우리는 그것을 우리의 직장생활 나아가 사회생활을 위해 어떻게 활용할 것인가? 이 책은 이러한 질문들에 대해 모두 일곱 개의 쟁으로 나뉘어 뭡하고 있나.

최근에는 '우울'이라는 말을 자주 듣게 된다. 작은 일에도 기분이 쉽게 가라앉는 사람이 있는 반면, 큰 역경에도 씩씩하게 버틸 수 있는 사람도 있다. 같은 상황에도 사람에 따라 반응은 다르다. 긍정적인 사람이 갖는 힘은 여기에서 발휘된다. 싫은 일이 있거나 일이 생각대로 되지 않을 때 기분이 가라앉는다는 도식은 심리학에서는 이미 잘못된 상식으로 알려져 있다. 벌어진 일이나 상황 그 자체가 아니라, 그것을 받아들이는 방식이 행동을 결정한다.

또 인간은 의미를 구하는 존재이다. 의미를 느끼지 못하는 하루하루가 반복되는 생활만큼 허무한 일은 없다. 비즈니스의 세계라고 해서 예외는 아니다. '커리어 앵커career anchor' 또는 '워크 밸류work value'라는 말을 들은 적이 있을 것이다. 일에서 무엇을 찾는가? 인생에서 일은 어떠한 의미를 갖는가? 평소에는 특별히 의식하지 못할지도 모르지만 그러한 가치관이나 욕구가 우리의 행동에 큰 영향을 미치고 있다.

비즈니스는 성과를 올리는 것이 지상명령이다. 성과를 올리려면 지식과 정보, 능력과 기술의 향상이 불가결하다. 하지만 지식과 능력이 충분해도 성과를 올리지 못하는 경우도 있다. 거기에는 동기부여가 크게 관련된다. 일류 스포츠 선수의 활약상을 떠올리면, 동기부여에 따라 사람이 낼 수 있는 성과가 얼마나 달라지는지 이해할 수 있다. 동기부여 역시 심리세계에서 아주 중요하게 다루는 문제이다.

비즈니스의 세계는 사람과 사람의 커뮤니케이션으로 성립한다. 대상이 일반 소비자나 매입처 담당자 또는 결정권을 가진 상사나 실무를 담당하는 부하이든 간에, 어떻게 상대의 마음에 호소할지, 어떻게 상대를 납득시킬지가 관건이다. 기획제안, 프레젠테이션, 조건교섭, 영업·판매, 선전·광고, 인사평가, 노무관리 등등 비즈니스의 모든 국면에서 커뮤니케이션이 열쇠를 쥐고 있다.

또 비즈니스의 세계에서는 강점을 활용한다는 말을 자주 하는데, 일반적으로 사람들은 자신의 강점을 좀처럼 알기 어렵다. 좋게 말하면 겸손, 나쁘게 말하면 자기비하적인 문화 속에서 자랐기 때문에 강점보다도 약점에 눈을 돌리는 습성이 있다. 그래서 보통은 약점을 수정하여 평균수준에 이르는 것을 목표로 한다. 하지만 업무능력을 높이려면 강점을 남들 수준 이상으로 높여야 한다. 그러기 위해서는 먼저 자신의 강점을 아는 것이 필요하다. 따라서 자신의 아이덴티티나 자기다움을 다시 한 번 주시하는 시간을 가져야 한다.

마음의 세계를 충분히 활용한 비즈니스의 전개. 그것은 대체 어떠한 것일까? 대답은 독자 여러분이 스스로의 일하는 방식이나 그 과제를 돌이켜보면서 찾을 수밖에 없다. 하지만 그를 위한 힌트는 이 책에서 얻을 수 있을 것이다. 이 책이 독자 여러분들의 비즈니스 활동의 개선·향상에 도움이 되길 간절히 바란다.

이 책을 완성시키기까지 편집하며 고생하신 시라이시 켄白石賢 일본경제신문출판사 문화출판부장, 조지무쇼造事務所의 여러분들에게 감사의 뜻을 표하고 싶다.

 # 긍정적인 사고를 위한

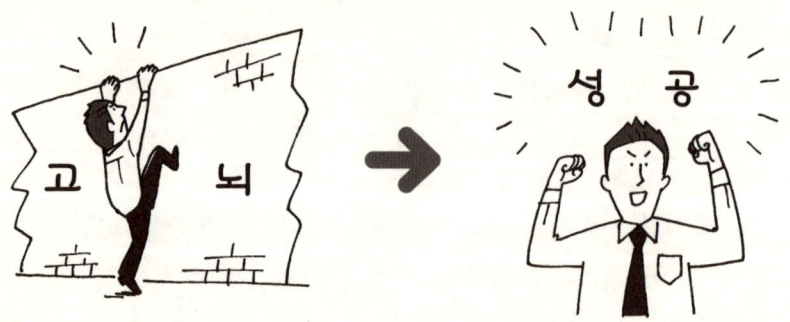

1. 긍정의 힘으로 고뇌에 정면으로 맞서는 강한 의지를 가져라. (Section 1)

2. 하루하루를 즐겁게 보내라. (Section 2)

3. 일의 보람을 발견하라. (Section 3)

7가지 방법!

5. 강점을 살려 진정한 자신을 찾아라. (Section 5)

4. 의욕을 이끌어내는 방법을 익혀라 (Section 4)

7. 커뮤니케이션에 능한 사람이 되라. (Section 7)

6. 일에 몰두하는 방법을 익혀라. (Section 6)

| 차례 |

머리말   인간 심리와 비즈니스… 005
          긍정적인 사고를 위한 7가지 방법… 010

Section 1 긍정적인 사람, 부정적인 사람

        차이를 만드는 긍정의 힘 … 018
        성공하기 위한 마음 계산법 … 022
        생각 바꿔쓰기 … 030
        고민하는 힘 … 036

Section 2 하루하루를 즐기며 사는 사람

        충실한 하루하루 … 044
        살아가는 의미 … 050
        시간을 길게 쓰려면 …056
        적극적으로 미래를 맞아라 … 062

Section 3 ▪ 자아실현을 위해 행동하는 사람

사람을 움직이는 기본적인 욕구 … 068
자아실현의 의미 … 078
진정한 만족과 성장을 위해 … 082
정말 하고 싶은 일은 따로 있다? … 088

Section 4 ▪ 스스로 의욕을 이끌어내는 사람

일에 재미를 붙이려면 … 096
실패를 딛고 성공하는 법 … 104
의욕과 일의 의미, 둘 다 잡는 계획표 … 111
결과는 따라오는 것 … 117

Section 5 ▪ 자신을 알고 강점을 살리는 사람
　　　　　나는 누구인가 … 122
　　　　　참된 자신을 찾아 … 129
　　　　　강점을 찾아 스스로 칭찬하라 … 137
　　　　　나를 어떻게 평가할 것인가 … 143

Section 6 ▪ 일에 몰두하는 사람
　　　　　커리어 앵커 … 150
　　　　　일에 요구되는 가치관 … 158
　　　　　일을 재미있게 계속하려면 … 165
　　　　　어떤 능력을 갈고 닦아야 하는가 … 169

Section 7 ■ 커뮤니케이션에 능한 사람

　　　마음을 사로잡는 커뮤니케이션 … 178
　　　설득하는 데에도 요령이 있다 … 186
　　　비즈니스의 성패를 좌우하는 첫인상 … 193
　　　커뮤니케이션을 좌우하는 나의 성격 … 201

참고도서　　　… 209

Section 1

긍정적인 사람, 부정적인 사람

차이를 만드는 긍정의 힘

　　　　　　최근에는 기분이 쉽게 가라앉는다는 사람들이 늘고 있다. 우울증이라는 말이 자주 들린다. 지하철 광고에도 '우울'이라는 문자가 눈에 띄고, ■**현대형 우울**이라든지 '우울의 시대' 등의 말도 사용된다. 우울해지면 어떻게 대처하면 좋은지, 우울해지지 않으려면 어떻게 하면 좋은지 등, 우울에 대한 처방전이나 예방법에 관한 기사도 더러 눈에 띈다.

　나가시마 시게오가 자이언츠 감독이던 시절, "요즘 젊은이는 꾸중하면 무너져버린다. 칭찬해서 키우지 않으면 안 된다"고 말한 적이 있다. 내가 오사카부의 카운슬러로 일할 때, 교육위원회 사람들도 교사에게

■ **현대형 우울**　고지식하고 근면적이고 자벌적인 우울과 달리, 업무 중에는 컨디션이 나쁘지만 쉬는 동안에는 기운이 생긴다거나 노는 것을 즐기는 경향을 말한다. 이 경우 주의를 받으면 컨디션이 흐트러지고, 자신이 우울하다고 공언하여 주어진 의무를 피하려고 한다.

꾸지람을 들었다는 이유로 등교하지 않는 아이가 늘어나는 교육현장의 실상에 곤혹스러워했다. 심지어 급우들이 꾸지람 듣는 것을 보고 등교하지 않는 아이까지 생긴다고 했다. 이런 상태에서는 교육적 동기부여가 불가능하다. 성인들이 모여 일하는 회사에서도 같은 현상이 나타난다. 연수현장에서 젊은 사원은 주의를 받으면 바로 침울해지거나 오히려 화를 내기도 하기 때문에 다루기가 매우 힘들다며 한탄하는 상사의 말을 종종 듣는다.

하지만 현대인의 대부분이 우울해하고 있다는 뜻은 아니다. 사소한 일로 침울해지는 사람이 있는가 하면, 상당한 스트레스를 받아도 씩씩하게 잘 버텨내는 사람도 있다. 우울한 사람도 있는가 하면 생기발랄한 사람도 있다. 불평 많고 부정적인 발언을 눈에 띄게 자주 하는 사람이 있는가 하면, 낙관적이고 긍정적인 자세로 일관하는 사람도 있다. 개인차는 상당히 크다.

그럼 기분이 쉽게 가라앉는 사람과 항상 긍정적인 사람은 대체 무엇이 다를까? '벌어진 일의 세계'와 '의미의 세계'를 구별하느냐 못 하느냐가 요점이다.

기분이 쉽게 가라앉는 사람이 항상 비참한 상황을 만나는 것은 결코 아니다. 긍정적인 사람과 비교할 때 언제나 참담한 꼴을 당하는 것은 아니다. 문제는 '의미의 세계'에 있다. F씨와 G씨의 예를 살펴보자.

> F씨는 상사에게 뒤처리를 못한다고 강한 주의를 받자 심하게 침울해졌다. 그 모습을 보고 동료 G씨가 쓴웃음을 지으며 말

했다.

"나도 지난주에 똑같은 실수를 해서 혼났어."

그러나 F씨는 비관적이라는 듯한 표정으로 대꾸했다.

"전에도 비슷한 실수로 주의를 받았으니 이젠 기가 막혀 말도 안 나올 거야. 이 일에서 제외될지도 몰라."

"상사가 무슨 생각을 하는지는 어차피 알 수 없는 거야. 그러니 그런 걱정은 해도 소용이 없어. 기가 막혀서 주의를 준 것인지 자네에게 그만큼 기대를 하고 있어서 주의를 주는 것인지 모르잖아. 지적받은 것을 개선해가면 돼."

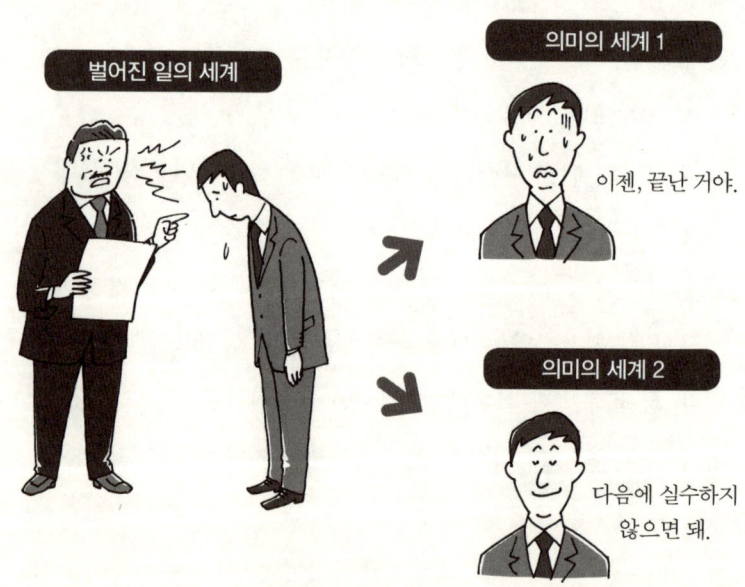

'벌어진 일의 세계'와 '의미의 세계'

이미 일어난 일의 세계는 컨트롤할 수 없다. 아무리 노력해도 상황에 따라서는 실패를 피할 수 없다. 열심히 자사의 신제품을 판매했더라도 라이벌 회사에 질 수 있다. 열심히 공부했어도 자격시험에 떨어지는 경우가 있다. 그런 것은 어쩔 수 없는 일이다.

하지만 실패를 어떻게 받아들이고 어떻게 의미를 부여할지는 개인이 컨트롤할 수 있다. "이런 실패를 했으니 좌천되겠지. 이젠 끝이야"라며 침울해지면서 의욕을 잃는 사람도 있을 것이다. 그러나 반대로 "이런 실패를 반복하지 않으면 다음에는 분명히 잘될 거야"라고 긍정적으로 받아들이는 사람도 있다. 실패를 교훈으로 승화시켜가는 것이다.

이처럼 벌어진 일의 세계는 같아도 그것을 받아들이는 방법에 따라서 의미의 세계는 180도 달라질 수 있다. 긍정적으로 받아들이는 방법을 익혀 의미의 세계를 좋은 방향으로 이끌도록 마음 쓰기 바란다.

> **POINT**
> '벌어진 일의 세계'는 컨트롤할 수 없지만, '의미의 세계'는 충분히 컨트롤할 수 있다.

성공하기 위한 마음 계산법

당신이 와인을 특별히 좋아해서 매일 밤 한 잔씩 즐기고 있다고 하자. 오늘밤에도 좋아하는 와인을 마시려고 병을 꺼냈는데 딱 절반 남아 있다. 당신의 속마음은 다음 중 어느 쪽인가?

"벌써 반이나 마셨어?"

"아직 반이나 남았네."

어떤 반응을 보이는가에 따라 쓸쓸한 기분이 되기도 하고 행복한 기분이 되기도 한다. 예를 들어, 다음 대화를 들어보자. 직장 동료인 H씨와 I씨가 자재구입 과정의 실수를 둘러싸고 의논하는 장면을 상상해주기 바란다.

"이제 와서 정정 주문을 해도 기일에 맞출 수는 없어. 재고로 어떻게든 해야 하는데, 대체 어떻게 하면 좋을지 모르겠어."

의기소침한 채 말하는 H씨의 어깨를 감싸며 I씨가 말한다.

부정적인 사고와 긍정적인 사고

"기일 내에 가능할지 어떨지는 모르는 거잖아. 아무튼 전화부터 해보자."

H씨와 I씨의 사고방식은 완전히 정반대 방향을 향하고 있다. 연휴를 앞두고 여행을 계획할 때에도 이런 식이다.

"연휴인데 숙소를 찾을 수 있을까? 예약이 다 끝났을 거야. 온천여행은 포기하고 영화나 보고 술이나 한잔하는 게 좋겠어."
H씨의 말에 I씨가 답한다.
"해보지 않으면 모르는 일이야. 방이 있을지도 모르잖아. 일단 확인부터 해보자."

늘 부정적인 H씨에 반해 I씨는 언제나 긍정적이다. 그렇기 때문에 H씨에 비해 I씨는 적극적으로 행동할 수 있으며, 그 결과 일이 잘 진행되는 경우가 많다.

운과 불운을 느끼는 방식도 마찬가지다. 내가 미국에 살 때, 샌디에이고로 드라이브 여행을 갔다가 교통사고를 낸 적이 있었다. 다행히 헤드라이트 커버가 부서지는 정도로 가벼운 것이었다. 기분이 좀 가라앉기는 했지만, '다치지 않아서 천만다행'이라고 마음을 추스르고 다음 목적지로 향했다.

그런데 이 이야기를 들은 사람들 가운데 '거기까지 가서 교통사고를 내다니 정말 운이 나빴다'는 반응을 보이는 사람이 있었다. 이렇게 부정적인 반응을 보이는 사람이라면 그런 일이 닥칠 경우 기분이 몹시 침울해져서 여행이 엉망이 되었을 것이다.

교통사고는 없었으면 좋았을 일이지만 이미 일어난 다음에는 없었던 일이 될 수 없다. 그러나 그것을 어떻게 받아들이는가는 개인의 힘으로 충분히 조절할 수 있다. 그리고 받아들이는 방식에 따라서 기분은 크게 좌우된다.

심리학에서도 인간의 장점과 강점에 주목해 긍정적인 기능을 촉진해야 한다는 **■긍정심리학**이 셀리그먼에 의해 제창되었다. 그리고 최근 10년 사이에 매우 빠르게 전 세계로 퍼져나갔다. 이러한 사실은 부정적인

■ 긍정심리학   인간이 가진 장점과 강점에 눈을 돌려 긍정적인 기능의 촉진을 지향하는 심리학. 미국의 심리학자 셀리그먼이 2000년에 제창했다.

심리로 고민하는 사람이 그만큼 많다는 사실을 방증하는 것으로, 긍정적인 마음가짐의 필요성을 역설하고 있다고 하겠다.

그렇다면 긍정적인 사고의 요령은 무엇일까?

영업사원의 실습에 동행했을 때의 일이다. 당시 재미있는 사실을 발견했는데, 성과를 올리고 있는 영업사원과 성과가 오르지 않는 영업사원의 결과 계산방식이 서로 다르다는 것이다.

성과가 오르지 않는 영업사원은 "10곳을 방문했는데 7곳에서 처음부터 거절하면서 전혀 이야기를 들어주지 않았다"는 식으로 보고했다. 실패 체험에 중점을 두는 것이다. 한편, 성과를 올리고 있는 영업사원은 "10곳을 방문해서 3곳에서 이야기를 들어주었다"는 식으로 보고하는 경

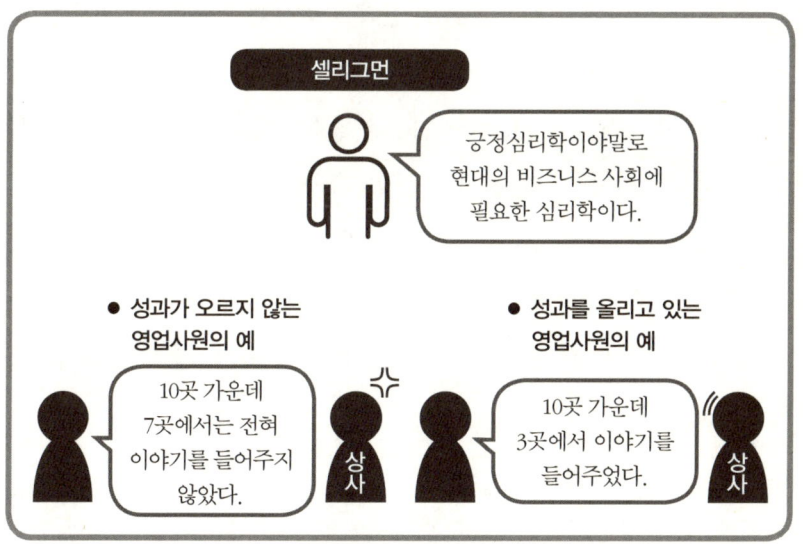

긍정심리학의 대두

우가 많았다. 성공 체험에 관심을 갖고 집중하는 것이다.

여기에 긍정적인 사고의 요령이 있다. 성공을 세는 것이다. 이것은 정답을 낼 때마다 1점씩 점수를 더해가는 **가점법**加點法에 비유할 수 있는데, 가점법의 발상이야말로 긍정적인 사고의 전형이다. 그러나 일반적으로 사람들은 가점법에 반대되는 **감점법**減點法 발상을 취하기 쉽다. 성공을 꿈꾸기보다는 실패를 두려워하기 때문이다. 도전해서 실패할 위험을 두려워하기 때문에 뒤탈 없는 안전을 도모하려는 성향이 강하다. 그러나 이런 식으로는 좋은 일을 할 수 없다. 현 상태를 타개할 만한 일을 해낼 수 없다.

메이저리그에서 해마다 200개의 안타를 치는 이치로 선수는 타율이 아니라 안타 수에 집착한다고 말한다. 이것이야말로 가점법 발상이라고 할 수 있다. 안타 수에 집중하면 안타를 하나씩 쌓아올릴 수 있다. 잘못 쳤다고 해서 안타 수가 줄지는 않는다. 따라서 실패를 두려워하지 않고 도전을 계속할 수 있다. 반면 타율은 잘못 치면 내려가고 만다. 타율에 집착하면 실수해서 잘 못 칠까 두려워한 나머지 마음이 위축되기 쉽다. 그 결과 타격 폼이 무너지거나 타이밍이 어긋나고 만다.

감점법 발상은 실패를 두려워하고 위축되며 소극적으로 만든다. 이에 비해서 가점법 발상은 실패를 두려워하지 않고 거침없이 적극적으로

■ **가점법과 감점법** 정답을 낼 때마다 점수를 1점씩 더해가는 것이 가점법, 오답이 있을 때마다 1점씩 감점해가는 것이 감점법이다. 서툰 사격솜씨라도 여러 발을 쏘면 맞는다는 식의 적극적인 도전이 가점법의 발상이라고 할 수 있다. 실패하면 큰일이라고 생각하여 도전을 삼가는 안일함은 감점법의 발상이라고 할 수 있다.

전형적 가점법의 예, 이치로 선수

MLB 사상 최초 10년 연속 200안타

움직이게 한다. 감점법처럼 결점을 고치겠다는 발상이 아니라 장점을 키우겠다는 발상이 긍정적인 사고의 요령이다.

서툰 점을 특기로 삼겠다는 것은 억지스러운 이야기다. 기껏해야 남들처럼 할 수 있을 뿐이다. 그래서는 특색 있는 무기가 되지 못한다. 서툰 점에 마음을 써도 특별히 좋을 것은 없다. 서툴다는 의식은 마음을 위축시킨다.

장점, 할 수 있겠다는 생각이 드는 것에 관심을 돌려야 한다. 예를 들면, 내향적인 사람이 커뮤니케이션 능력을 높이고 싶다면 사교적으로 행동하려고 마음을 쓰거나 능숙한 언변을 익히려고 노력하기보다 다른 사람의 말을 잘 듣겠다고 마음먹는 것이 더 좋다.

내향적인 사람이 갑자기 뛰어난 언변을 갖게 되는 것은 거의 불가능한 일이다. 사교적인 사람이 되기 위해 노력한다는 것은 무리한 일이며, 스스로 피곤해질 뿐만 아니라 주위 사람에게도 부자연스럽게 비칠 뿐이다. 내향적인 사람은 언변에 능숙하지 못하다. 그러니 내향적인 것이다. 그래서 대체로 듣는 역할을 하는 경우가 많다. 어차피 듣는 역할을 하는 경우가 많다면 무리해서 말하기보다 말하는 사람이 기분 좋게 말할 수 있도록 듣는 요령에 집중하는 것이 좋다. 이것이 내향적인 사람이 커뮤니케이션을 능숙하게 하는 지름길이다.

또 하나 언급해야 할 것은, 일이 생각대로 진행되지 않을 때 바로 일반화하려는 경우이다. "내게는 능력이 없어, 나는 어차피 무엇을 해도 안 돼"라고 갑자기 정색하는 버릇이 있는 사람은 긍정적인 사고로 자기 개조를 해야 한다. "내게는 능력이 없어"라는 말은 모든 능력을 시험한 뒤에야 할 수 있다. 그것도 진지하게 몰두해도 안 된다는 것을 증명해야만 한다.

기획 프레젠테이션에서 연거푸 실패하더라도 기획이라는 일이 자신에게 적합하지 않다는 결정을 내리기에는 '너무' 이르다. 어쩌면 정보 수집력이나 프레젠테이션 능력은 있지만 발상력이나 논리구성 능력이 약한지도 모른다. 반대로 발상력은 있는데 세세한 정보수집에 서툰 사람이나 프레젠테이션을 잘하지 못하는 사람도 있을 것이다. 어느 쪽이든 기획팀 내에서 중요한 역할을 담당할 수 있다. 이런 경우 "나에겐 능력이 없어" "나는 이 일에 적합하지 않아"라고 바로 단정 지어버리는 사람은 과도한 일반화라는 오류를 범하는 것이다.

처음부터 "프레젠테이션이 서툴다" "컴퓨터에 서툴다" "새로운 발상에 서툴다" "논리적인 조합에 서툴다"는 식으로 영역을 한정해 생각해야 한다. 그럼으로써 자신의 능력을 전적으로 부정하는 오류를 막음과 동시에 "그럼 어떤 일이 가능할까?"와 같이 자신의 특별한 능력이나 남들처럼 할 수 있는 일을 발견할 여지를 만들 수 있다.

> **POINT**
> 긍정적인 사고를 익히면 운도 트인다.

생각 바꿔쓰기

　　　　　부하직원이 생기면 누구나 느끼는 일이지만, 다른 사람들은 좀처럼 내 뜻대로 움직여주지 않는다. 부하직원이라고 해도 나름대로 의사가 있고 가치관도 성격도 다른 타인이므로 내 생각대로 움직일 수는 없다. 따라서 부하직원이 자신의 뜻대로 움직여주지 않는다고 안달해도 소용없는 일이다.

　그런데 그것을 알고 있다 해도 초조해지기 마련이다. 그럴 때는 어떻게 하면 좋을까? 정답은 자신의 머릿속에 각인되어 있는 부적절한 신념의 '바꿔쓰기'이다.

　　인지치료를 시작한 미국의 임상심리학자 엘리스는, 사람들의 고민이나 부정적 감정은 벌어진 일이나 상황 그 자체에 의해서가 아니라 그

■ 인지치료　엘리스가 제창한 심리치료법으로, 생각하는 습관을 바꾸고 고민을 낳는 근원인 일의 수용방식을 바꾸는 것을 목표로 한다.

것을 어떻게 받아들이는가에 따라서 생겨난다고 설명한다. 그렇다면 이처럼 다른 수용방식은 어디에서 비롯되는 것일까? 엘리스는 고민과 부정적인 감정을 낳는 수용방식의 근저에는 선입견이 있기 때문이라고 설명하면서, 그 선입견을 **비합리적 신념**irrational belief이라고 불렀다. 결국 고민과 부적절한 감정을 제거하기 위해서는 비합리적인 신념을 '바꿔쓰기' 해야 한다는 것이다.

비합리적 신념 바꿔쓰기의 메커니즘은 A-B-C-D-E-F 이론에 따라서 설명된다. 여기에서 A는 벌어진 일Activating event, B는 신념Belief, C는 정서적 결과Consequence, D는 반론Dispute, E는 효과Effect, F는 새로운 감정Feeling을 나타낸다.

앞에서 든 예로 설명해보자. '부하가 뜻대로 움직여주지 않기'A 때문에 '안달이 나고 짜증이 난다'C. 그러한 부정적 감정이 생기는 것은 '부하는 상사의 말대로 움직여야 한다'B는 신념을 갖고 있기 때문이다. 이 신념이 부적절하다면 바꿔쓸 필요가 있다.

부하가 자신의 지시에 따라야 한다고 상사가 기대하는 것이 잘못은 아니다. 하지만 누구에게나 '자기 자신'이 있다. 납득이 가지 않는데도 무리하게 요구한다면 누구나 저항감을 갖는다. 따라서 이 고정관념은 반드시 적절하다고는 할 수 없다. 이와 같은 반론D이 효과E를 보이면 '부하한테는 부하의 사고방식이 있으며 모든 일이 내 뜻대로 움직이지

■ 비합리적 신념   인지요법에서는 고민을 낳는 근원은 비합리적 신념에 있다고 여긴다. 그것을 합리적인 것으로 바꿔씀으로써 고민을 해소 혹은 줄이는 것을 치료목표로 한다.

A-B-C-D-E-F 이론

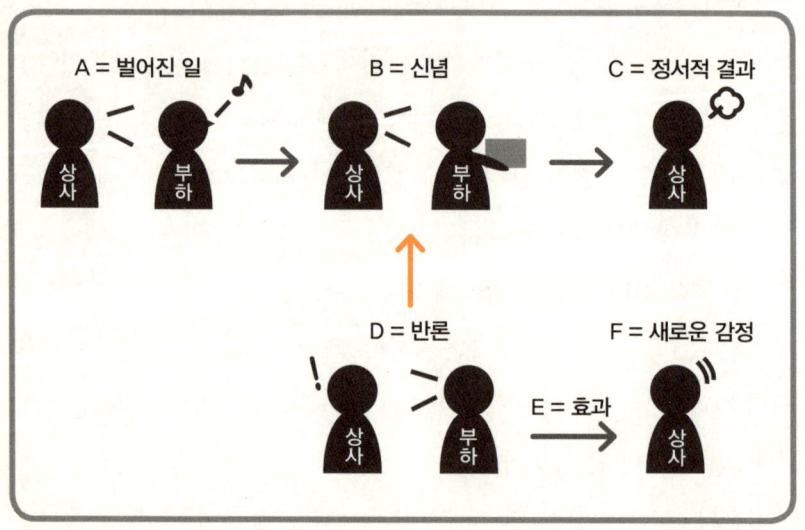

않는다 해도 어쩔 수 없다'고 받아들이게 된다. 그러면 더 이상 짜증을 내거나 안달하지 않게 된다^F.

　기회 앞에서 뒷걸음질 치는 사람이 있다. 모처럼 큰 프로젝트의 멤버로 합류하지 않겠느냐는 제안을 받았는데 '자신이 없다'며 망설이는 경우도 있다. 점장의 신뢰를 얻어 '지점을 맡기고 싶다'는 의향을 듣고 나서 불안해져 잠들지 못하는 경우도 있다. 이들은 대체로 비합리적 신념에 얽매여 있다.

　이와 같이 비합리적 신념의 전형적인 예는 '실패하면 기대를 저버리게 되고 그렇게 되면 끝이다'라는 믿음이다. 실패하면 기대를 저버리게 되는 것은 맞다. 그렇다고 해서 끝이라고 생각하는 것은 지나친 비약이다. 물론 '실패하면 꼴사나울 수 있다'는 정도의 생각은 할 수 있다. 하지만 전력을 다했는데도 실패한 사람을 비웃는 이는 없다. 만일 얕보거나 조소하는 사람이 있더라도 그런 사람과 좋은 관계를 가져야 할 필요도 없으며 신경쓸 이유도 없다.

따라서 이 경우에도 비합리적 신념을 바꾸어쓸 필요가 있다. 예를 들면, "반드시 잘될 것이라고 단정할 수는 없지만, 비약할 수 있는 모처럼의 기회. 노력해보자"와 같은 식으로 바꾸어쓰면 된다. 이것에 〈Section 4〉에서 설명하는 '결과에 집착하기보다 과정을 즐긴다'는 발상을 더해서 "만일 실패하더라도 해보지도 않고 포기하는 것보다는 내게 힘을 더하는 기회가 될 것이다. 그러니까 먼저 결심을 하고 스스로의 힘을 시험해보자"는 느낌으로 바꿔쓰는 것도 좋다. 비합리적 신념이라는 주술은 이런 방법으로 풀어나간다.

비합리적 신념과 바꿔쓰기

인간관계가 뜻대로 잘 안 된다는 사람들 중에도 비합리적 신념에 얽매여 있는 사람이 적지 않다. 이해관계에 따라서 태도를 바꾸는 사람, 때때로 몸을 사리는 사람, 책임을 회피하는 사람, 아첨으로 상사를 치켜세우는 사람……, 이런 사람을 보면 비위가 상하는 유형이다. 본인은 이해에 좌우되지 않고 몸을 사리거나 책임전가 등을 하지 않으며 깨끗하게 살고 있다. 아첨하지도 않고 진심으로 사람들을 대하고 있다. 그것은 본인의 가치관이며 삶의 방식이기 때문에 설령 손해를 보더라도 상관하지 않는다. 이런 유형은 다음과 같은 신념을 갖고 있을 것이다.

"인간은 깨끗하게 살아야 한다. 이해에 좌우되거나 몸을 사리거나 책임을 회피하면 보기 흉하다."

이러한 신념은 옳은 것이고 실제로 그렇게 산다면 다른 사람들에게 존경받을 만한 일이다. 그러나 문제는 다른 사람에게 자신의 가치관이나 삶의 방식을 강요할 권리는 누구에게도 없다는 것이다. 사람은 각자 살아오는 가운데 익혀온 가치관과 삶의 방식이 있다.

심리학자 아들러Alfred Adler는 이와 같은 살아가는 자세를 '라이프스타일'이라고 한다. 라이프스타일은 사람에 따라 다르다. 눈앞에 있는 사람의 라이프스타일은 당연히 자신과 다르다. 이러한 사실을 인정하고 타인에게 너그러워지면 자신도 편해진다. 또 자신의 기준에 깨끗하지 않은 사람이 주변에 있더라도 함께 사는 사람이 아니라는 것을 상기할 필요가 있다. 직장동료로 대하면 충분하다.

따라서 자신의 라이프스타일과 다른 사람을 못마땅해 하는 유형의 사람은 지나친 고정관념을 가지고 있고, 이 고정관념은 비합리적 신념으로 볼 수밖에 없다. 이런 경우 이렇게 바꿔쓸 수 있다.

"나는 깨끗하게 살고 싶다. 이해에 좌우되거나 몸을 사리거나 책임을 회피하려는 사람과는 가치관이 맞지 않으며 생각도 다르다. 그러나 나는 나, 남은 남. 가치관이 맞지 않는 상대와는 적절한 거리를 두고 사귀면 되는 것이다."

그러면 가치관이나 삶의 방식이 맞지 않는 사람과도 기분 좋게 교제할 수 있게 되며 인간관계도 원활해진다.

POINT
자신이 가진 신념 가운데 비합리적은 것은 찾아내서 바꿔쓰기를 한다.

고민하는 힘

오스트리아의 정신의학자 **■빅토르 프랑클**Viktor Emil Frankl은 유태인이라는 이유로 강제수용소에 수용되어 고통스러운 나날을 보내다가 구사일생으로 살아남는 등의 경험을 바탕으로, 살아가는 의미를 탐구했다. 그는 다음과 같이 말했다.

"인간은 고뇌하는 존재이다."

심리치료는 고민하는 사람의 고뇌를 제거하거나 고뇌에 맞서는 힘을 기르는 것을 목적으로 한다. 그에 대해 프랑클은 자기 자신과 맞서지 않고 겉모양의 평안에만 만족하는 사람에게 질문을 던져 안이한 삶의 방식에서 고뇌하는 존재로 전환시키는 것도 심리치료의 목적이라고 말한

■ **빅토르 프랑클** 아우슈비츠 강제수용소에서의 체험을 바탕으로 인생의 의미를 중시하는 실존분석을 제창한 정신과 의사. 인간의 삶의 방식을 관통하는 것으로서 쾌락에 대한 의지를 중시한 프로이트, 힘에 대한 의지를 중시한 알프레드 아들러에 대해, 프랑클은 의미에 대한 의지를 강조하여 인간은 의미를 추구하는 존재라고 설명했다.

고민은 의욕의 표현

다. 이 같은 프랑클의 사고방식은 고민은 결코 나쁜 것이 아니며 고민함으로써 더욱 나은 존재가 되어간다는 가치관에 근거한다.

많은 사람들이 고민을 좋지 않은 것으로 여긴다. 하지만 고민은 현 상황을 극복하려는 의욕의 표현이기도 하다. 아무래도 좋다고 생각하는 사람은 고민하지 않는다. '뭔가 해야 한다'고 생각하기 때문에 고민한다. 전 세계 대부분의 성공한 사람들은 고뇌의 나날을 극복함으로써 성공을 손에 넣고 있다. 고민거리가 현재 상황을 극복해가는 힘이 된 것이다.

단, 고뇌 때문에 부정적인 마음이 되어서는 안 된다. 고민거리 때문에 마음이 가라앉고 우울해지는 사람은 건전한 고뇌 방법을 배울 필요가 있다. 생각대로 되지 않는 일이나 싫은 일이 일어났을 때, 긍정적으로 고뇌하는 데 중요한 것은 '감정반응'이 아니라 '인지반응'을 해야 한다는 것이다.

마음이 부정적이고 우울해지기 쉬운 사람은 일이 생각대로 진행되지 않을 때나 싫은 경우, "더 이상은 싫다" "이렇게 목숨 걸고 하는데 보답도 없다니……" "왜 이런 경우를 당하지 않으면 안 되는가?"와 같이 한탄하기 쉽다. 즉, 감정반응을 보이는 것이다. 이렇게 되면 나쁜 감정의 소용돌이에 빠져 마음이 점점 가라앉고 만다.

그에 반해 긍정적인 사람은 "무엇이 잘못된 것일까?"라며 현재 상황을 냉정히 분석하고, "그럼 어떻게 하면 좋을까?" 하면서 좋은 방향으로 끌어가는 방법을 검토한다. 인지적으로 반응하는 습관을 익히고 있는 것이다.

감정적으로 반응하면 기분은 가라앉고 마음의 에너지가 저하되어, 뭐든 할 마음이 없어지고 만다. 그러나 인지적으로 반응하면 현재 상황을 극복해갈 가능성이 펼쳐진다. 역경을 에너지원으로 삼을 수 있는 사람, 위기를 기회로 바꿀 수 있는 사람은 감정이 아니라 인지로 반응하는 습관을 익힌다.

"실패는 소중하다. 성공한 사람은 실패를 체험하면서도 낙관적으로 전진해가는 사람이다."

유니클로의 창업자 야나이 타다시의 말이다. 감정이 아니라 인지로 반응하는 습관을 익히는 것이 전진할 수 있는 이유이다.

감정반응과 인지반응

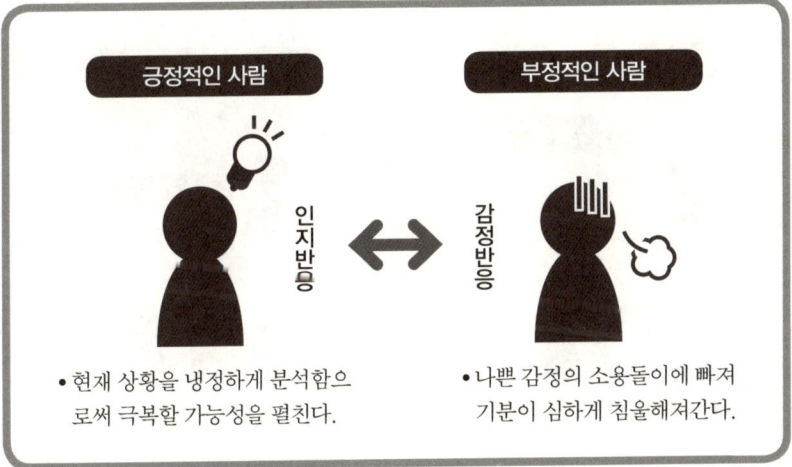

감정반응이 아니라 인지반응으로 대처하는 사람은 현재상황을 분석하고 극복할 가능성을 만들어내는 동시에, 자기 자신에게 무엇을 어디까지 요구해야 하는지도 안다. 이것을 **요구수준**이라고 하는데, 일반적으로 의욕이 높은 사람일수록 요구수준이 높다. 그러나 요구수준이 너무 높아 좀처럼 이를 수 없다면 '나는 안 된다'며 자기혐오에 빠지는 경우도 있다. 이런 경우도 전진할 수 없다. 일을 잘할 수 있는 사람은 요구수준이 높아도 그와 같은 폐해는 없다. 요구수준을 제대로 구분해서 사용할 수 있기 때문이다.

■ **요구수준** 어떠한 과제에 대해서 어느 정도의 성과를 자신에게 부과하는가를 요구수준이라고 한다. 일을 잘하는 사람은 대개 요구수준이 높지만, 지나치게 높게 설정하면 자신을 괴롭히게 된다. 반대로 지나치게 낮게 설정하면 어떤 향상으로도 이어지지 않는다.

요구수준의 구분과 사용

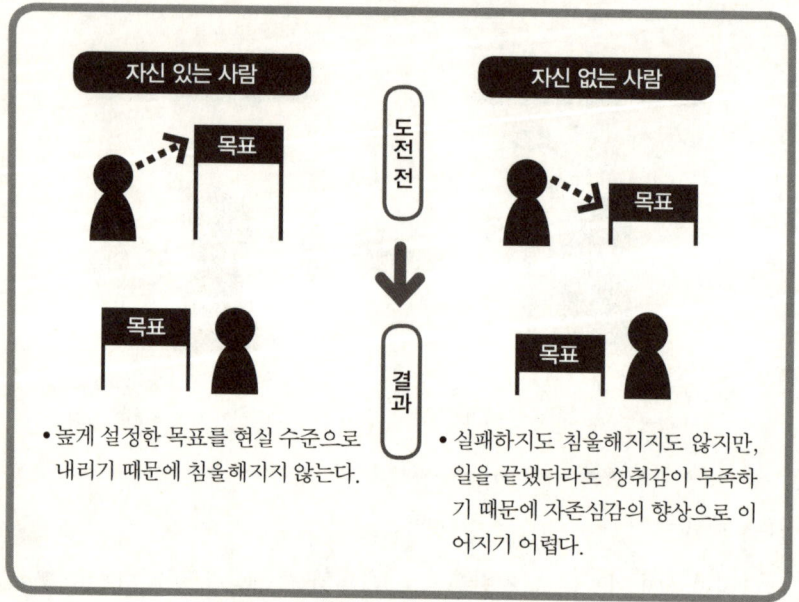

요구수준에는 2단계가 있다.

첫째, 목표설정에서 의식되는 요구수준이 있다. 신중하고 동시에 자신 없는 유형의 사람은 이 요구수준을 낮게 설정한다. 쉽게 달성할 수 있을 듯한 무난한 수준으로 설정함으로써, 실패의 위험부담을 줄이고자 한다. 실패로 인한 침울함도 피할 수 있다. 하지만 이 경우 성취감이 적어 자존감으로 이어지기는 어렵다. 반면 향상심이 강하고 자신감 넘치는 사람은 이 요구수준을 높게 설정하는 경향이 있다. 이 경우 한계에 도전함으로써 애초 목표를 달성하지 못한다 하더라도 상당한 성과를 기대할 수 있다.

둘째, 결과가 나온 후에 자기평가의 기준이 되는 요구수준이다. 의욕을 유지하는 유형은 첫 번째인 목표설정 요구수준보다도 낮은 곳에 두 번째인 자기평가 요구수준을 설정하는 경향이 있다. 이런 경우 역시 목표설정 요구수준을 처리하지 못하더라도 자기평가 요구수준이 현실 수준으로 낮기 때문에 기분이 침울해지거나 의욕을 상실하지 않는다.

"못 해도 어쩔 수 없다는 생각은 끝나고 나서 하는 것이다. 도중에 그런 생각을 하면 절대로 (목표를) 달성할 수 없다."

이치로 선수의 말이다. 그는 2가지 요구수준을 제대로 구분해서 사용하고 있는 것이다.

목표를 설정할 때에는 높은 요구수준을 내세우고 결과를 평가할 때에는 현실적인 점까지 요구수준을 내린다. 이처럼 요구수준을 구분해서 사용하는 것이 감정이 아니라 인지로 반응하는 요령이라 하겠다.

> **POINT**
>
> 고민하는 것이 나쁜 것은 아니다. 문제는 고민의 방식이다. 따라서 향상으로 이어지는 고민방식을 익히는 것이 중요하다.

Section 2

하루하루를
즐기며 사는 사람

충실한 하루하루

　　　　　　일에서 보람을 느끼는 사람은 분명 행복하다고 할 수 있다. 하지만 일만 있는 인생이라면 그것 역시 문제다. 요즘 흔히 사용하는 워크 라이프 밸런스work life valance는 직장생활과 사생활이 모두 충실해야 한다는 말이다. 예를 들어, 월요일이 국경일이라서 내일부터 3일연휴가 시작되는 금요일 저녁, N씨와 옆자리의 O씨가 나누는 대화를 들어보자.

"연휴인데, 뭐 할 거야? 나는 내일도 회사에 나오려고 하는데."
모처럼의 연휴를 회사에서 보내다니 어떻게 그럴 수가 있는지, N씨는 정말로 일을 좋아하는 O씨가 존경스러우면서도 어이가 없다. N씨는 내일은 날씨가 좋다고 하니까 교외로 나가고, 모레는 친구들과 영화를 보러갔다가 저녁식사까지 함께할 예정이며, 마지막 날에는 집에서 느긋하게 책이라도 읽으면서 보내려고 한다. 그래서 일단은 O씨와 엮이면 안 될 것 같아서 이렇게 대답한다.

"회사에 나오신다고요? 저는 모처럼의 연휴라서 오랜만에 친구와 만나기로 했습니다."

한때 ▪**일요신경증**이라는 말이 유행했다. 워커홀릭workaholic이라는 말도 퍼져나갔다. 워커홀릭이란 일중독을 말하는데, 직장을 벗어나면 안정을 찾지 못하고 끊임없이 일에 대한 것만을 생각하는 상태를 가리

안정되지 않는 일요일

▪ **일요신경증** 일중독이라고 할 정도로 일에 빠져들어 사생활을 즐기지 못하기 때문에 일에서 벗어나는 일요일이 되면 우울한 마음이 든다. 고도 경제성장기에 종종 화제가 되었다.

킨다. 이런 경우, 일요일이 다가오는 것이 고민의 원인이 된다. 그것이 일요신경증이다.

　심리치료사 ■**빅토르 프랑클**Viktor Emil Frankl은 일요신경증에 대해서, "평일의 분주함이 정지된 일요일, 실존적 진공이 자기 내부에서 입을 빠끔히 열면, 자기 생활 내용의 공허함을 의식하는 사람들을 덮치는 억울함"이라고 말한다. 휴일에 즐기거나 편히 쉴 수 없는 것은, 일에 빠져들어 있어 삶의 보람이 되어야 할 일이 자기의식을 마비시키고 나날의 허무함을 의식하지 못하도록 하기 때문이라는 것이다. 일이 허무함을 얼버무리고 있다는 말이다. 그러다가 일이 없는 일요일이 되면 허무함을 느끼고 있는 자신과 직면하게 된다. 혹은 그렇게 되어버리는 것은 아닌지 불안해진다.

　자신이 허무한 나날을 보내고 있다고 생각하고 싶은 사람은 없다. 그래서 허무함은 가면을 뒤집어쓴다. 병적으로 일에 열중하거나 직장에 빠져드는 것도 허무함을 감추는 가면일 수도 있다. 앞에서 예로 든 O씨의 경우도 휴일인데도 일을 선택하는 까닭이 허무함을 감추는 가면일지도 모른다. 모처럼 갖는 휴일에 쉬지 못하거나 프라이비트 라이프가 거의 없는 상태라면 그 가능성을 고려해보아야 한다.

　프랑클은 현대인은 '자신의 존재가 아무런 의미도 갖지 못하는 것은 아닌가'라는 감정으로 괴로워한다고 한다. 그리고 그러한 상태를 ■**실존**

■ 빅토르 프랑클　1905~1997년. 아우슈비츠 강제수용소에서의 체험을 바탕으로 인생의 의미를 중시하는 실존분석을 제창한 정신과 의사.

실존적 불안의 증상

적 불안이라고 부른다. 실존적 불안에 빠지면 미래에 대해 밝은 전망을 가질 수 없으며, 주체성을 잃고 타성에 휩쓸려 순간순간을 충동적으로 살아가게 된다.

　허무함에 직면하지 않기 위해 끊임없이 몰두하는 것이 일이라면, 겉보기에는 아직 문제가 없어 보일 수 있다. 하지만 실존적 불안은 일중독보다 좀 더 위험한 가면을 쓰는 경우도 있다. 알코올 의존증도 그 한 예다. 중증의 알코올 의존증 환자를 대상으로 한 어떤 조사에 따르면, 만

■ 실존적 불안　하루하루의 생활에서 의미를 느끼지 못하는 상태를 말한다. 실존적 불안에 빠지면 장기적 전망을 발판으로 한 노력하려는 자세가 없어지고 순간순간을 충동적으로 살기 쉽다. 그러다가 자유와 책임의 무게를 견디지 못하고 주위에 휩쓸리며 살아가게 된다.

중독이나 의존증도 허무함을 감추는 가면

성적 증상을 보이는 사람들 가운데 90%가 무의미함을 견디지 못하고 있었다.

이 경우 인생의 의미를 생각하게 하는 심리치료 쪽이 일반적인 치료법보다도 유효한 것으로 드러났다. 이러한 사실을 잘 보여주는 사례가 약물 의존의 경우이다. 이 경우 예외 없이 무의미감을 보이고 실존적 불안의 정도가 일반 사람들의 2배 이상인데, 사회복귀센터에서 인생의 의미를 생각하게 하는 심리치료를 도입했더니 그 전에 비해 사회복귀 성공률이 평균의 약 4배에 이르렀다. 하루하루의 생활에서 의미를 느낄 수 없다는 것이 약물 의존의 원인이었던 것이다.

의존증까지는 아니더라도 알코올로 마음을 달래거나 음악이나 텔레

비전을 끊임없이 켜놓아 자기 자신과 마주하지 않으려는 사람들도 있다. 잠시 틈만 생겨도 휴대전화를 만지작거리는 등의 형태로 허무함에 가면을 씌우는 사람도 의외로 많다.

　인생을 자신의 것으로 하기 위해서는 애써 가면을 벗어버리고 매일 생활의 허무함을 직시해야 한다. 그리하여 직장생활과 사생활 모두에 충실해야 한다. 그렇게 함으로써 일도 단순한 가면이 아니라 확실한 의미를 가진 것이 된다.

POINT
허무함을 감추는 가면을 벗어버린다면 매일의 생활을 충실하게 하는 방법이 보인다.

살아가는 의미

■**정신분석의 창시자** 프로이트는 인간을 '성욕에 따라 움직이는 존재'로 보아 쾌락에 대한 의지를 중시했다. ■**개인심리학**의 창시자 애들러Alfred Adler는 인간을 '열등감의 극복을 지향하면서 자신을 형성하는 존재'로 보아 권력에 대한 의지를 중시하였다. 이에 비해 실존분석의 창시자 프랑클은 '인간은 인생을 가능한 한 의미로 가득 채우고 싶은 욕구를 가지며, 그것을 바탕으로 보람있는 삶을 손에 넣으려고 싸운다'라고 했다. 의미에 대한 의지를 중시한 것이다.

프랑클은 인간은 원래 '의미에 대한 의지'에 기반을 두고 행동하며, 쾌

■ 정신분석 프로이트가 창시한 심리요법. 치료실천을 바탕으로 구축하여 무의식의 심리학이라고도 불린다.

■ 개인심리학 애들러가 창시한 인간형성의 심리학. 개인심리학의 중심개념은 라이프스타일이다. 이에 따르면 인생을 어떻게 바라보는가 등의 기본적 틀은 5세 정도에 굳어지며, 이것이 그 후의 인생을 방향 짓게 된다.

락에 대한 의지나 권력에 대한 의지에 따라 움직이지는 않는다고 말한다. 그리고 '쾌락에 대한 의지나 권력에 대한 의지의 배후에는 의미에 대한 의지의 좌절이 있다'고 보았다. 즉, 매일의 생활에서 의미를 느끼지 못하는 허무함을 달래기 위해 쾌락을 구하거나 권력을 구하게 된다는 것이다.

성적 충동이나 먹는 것에 집착하거나 알코올에 의존하는 등 쾌락에 빠지는 사람이 적지 않다. 또한 조직을 움직이거나 사람을 움직일 수 있는 권력을 쥐고 과시하고 싶어 하는 사람들도 눈에 띈다. 대부분의 사람들은 이것이 그다지 훌륭한 삶의 방식이 아니라고 생각할 것이다. 하지만 욕망에 눈이 어두워지거나 충동으로 치닫는 경우도 드물지 않다. 그것이 인간이다.

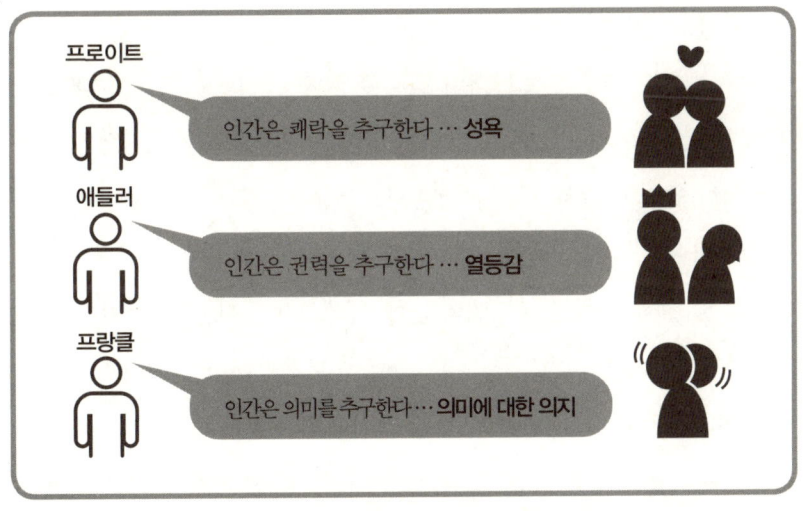

인간을 움직이는 충동

프랑클은, 이처럼 충동을 조절하지 못하고 성욕이나 권력욕에 따라 사람들이 움직이는 이유를 '의미에 대한 의지'가 채워지지 않기 때문이라고 설명한다. 매일의 생활이 의미로 채워지지 않는 것, 즉 의미에 대한 의지의 욕구불만이 충동적인 삶 뒤에 가로놓인 근본적인 문제라는 것이다.

인간을 '의미를 추구하는 존재'라고 보는 프랑클의 인간관은 1942년에서 1945년까지 4년 동안 유대인 강제수용소에서의 체험에 뿌리를 두고 있다. 너무나도 끔찍하고 비참한 환경에서 정신적으로 버티며 살아남으려면 살아가는 목적이 없으면 안 되었다. '가족이 기다리고 있다, 일이 기다리고 있다' 그렇게 생각할 수 있는 사람은 살아가는 의미를 느낄 수 있기 때문에 가혹한 상황에서도 견디어냈다. 반면 살아가는 의미를 느낄 수 없는 사람들은 환경의 가혹한 압력에 무릎을 꿇고 차례로 스러져갔다.

프랑스 화가 툴루즈 로트렉의 전기적 영화 〈빨간 풍차〉도 삶의 의미에 대해 말하고 있다. 신체적 장애로 인해 부자유스러운 생활을 하면서 그림에서 유일한 삶의 보람을 찾던 로트렉은 사랑하던 여성에게 버림받고 절망하여 가스로 자살을 시도한다. '슈욱' 하는 소리를 내면서 가스가 나오고 있을 때 공허한 로트렉의 눈에 캔버스가 들어온다. 그리다 만 그림이 클로즈업된다. 눈을 크게 뜬 로트렉은 자리에서 일어나 비틀거리며 캔버스를 향해 걸어가 붓을 잡고 그림에 대어본다. 그리고 가스를 잠근다. 해야 할 일이 있다는 것, 자신의 인생에서 의미를 발견한 것이 로트렉에게 자살을 멈추게 하였다.

로트렉을 구한 '살아가는 의미'

　현대인에게 있어서 가장 심각한 문제는 삶에서나 일에서나 의미를 찾지 못하는 것이다. 많은 사람들이 인생의 무의미에 들볶이고 있다. 여기에는 경제구조의 문제도 한몫을 한다. 많은 일이 거대산업에 집어먹히고 조직화되어서 사람들이 자신이 하고 있는 일에서 의미를 느끼기 어려워졌다.

　직접 채소를 키우고 수확하고 출하하면 자신이 하는 일의 의미를 실감할 수 있다. 목수로서 집을 짓는다면 이 집을 지은 사람이 자신들이었다는 실감이 있다. 옷의 디자인에서부터 재단·봉제까지 한다면 이 옷을 만든 사람은 자신이라고 실감할 수 있다. 예전에는 그와 같이 의미를 실감하는 일이 많았다.

그런데 지금은 가내공업도 소매점도 기술적인 일도 모두 대기업에 흡수되어 많은 사람들이 일의 전체 공정 가운데 극히 일부만을 반복해서 행하게 되었다. 재단만, 조립만, 도색만, 운반만, 팔기만 하는 식이다. 부분적인 단순작업을 반복하기만 해서는 자신이 하는 일의 의미를 실감하기 어렵다.

최근에 자원봉사와 같은 방법으로 다른 사람에게 도움을 주고 싶다는 사람들이 늘고 있는 것은, 이 같은 현상의 명백한 조짐이라고 할 수 있다. 무기력해서 아무것도 할 의욕이 없는 젊은이가 많은 가운데, 지진 피해지역에는 자원봉사를 하려는 젊은이들이 전국 각지에서 달려오고 있다.

학생인 P씨는 피해지의 도로복구를 도와왔다. 이전에는 서클 동료들

- 지금 하는 일을 왜 계속하고 있는지 알지 못해 의욕이 생기지 않는다.
- 다른 사람에게 도움이 되고 싶어 자원봉사활동에 참가한다.

자기 인생에서 의미를 찾아낸다

과 술을 마시거나 노래방에 가서 노래를 하거나 혼자서 텔레비전을 보거나 게임을 하면서 지루한 생활을 반복했지만, 재해지역 자원봉사를 하면서 사람들에게 도움이 되는 일이 얼마나 멋진지 실감했다고 한다.

20대 회사원인 Q씨는 피해지에 자원봉사하러 가기 위해 일부러 휴가를 얻었다. 먹고살기 위해서는 현재의 일을 계속해야 하지만, 자원봉사는 일에서 느끼지 못한 보람을 느끼게 했다. 현재 그는 가능하다면 언젠가는 다른 사람에게 도움이 되는 일을 하면서 살고 싶다고 생각한다.

두 사람 모두 자원봉사를 경험함으로써 자신이 하고 있는 일에서 의미를 찾을 수 있었다. 사회에서 필요로 한다는 실감이 없으면 자신의 인생에서 의미를 찾아내기가 어렵다. 인생을 의미로 가득 채울 방법을 모색하고 있다면, 누군가에게 도움이 된다는 사실이 가장 직접적인 길이 될 수 있다.

POINT
충동적인 생활에서 벗어나기 위해 누군가에게 도움이 되는 일을 해보자.

시간을 길게 쓰려면

나이가 들면 시간의 흐름이 빨라진다고 느낀다. 중년 이상의 성인이라면 누구나 실감하는 일이다. 연말이 다가오면 올해도 눈 깜짝할 새 지났다고 느낀다. 왜일까? 어렸을 때처럼 가슴 설레며 기다리는 일이 줄어든 탓일까? 성인이 된 지금 우리에게는 퇴색되고 규칙적이고, 시간을 새기는 시계바늘에 맞춘 기계적인 일상이 지나간다. 물리적 시간의 속도에는 분명 차이가 없지만, 심리적 시간의 속도는 훨씬 빨라졌다.

프랑스 작가 마르셀 프루스트1871~1922년의 유명한 소설 ≪잃어버린 시간을 찾아서≫에는, 애타게 그리는 상대에게 유혹의 편지를 보내고 이제나저제나 답장을 기다리고 있을 때의 시간이 얼마나 느리게 가는지에 대한 묘사가 있다. 몹시 기다리고 있을 때는 수시로 현재 시각에 신경을 쓰기 때문에 시간이 잘게 잘려서 시간경과가 견딜 수 없을 만큼 길게 느껴진다.

심리 메커니즘에 따라 변하는 시간의 경과

　현재 진행중인 일보다 장래에 생길 일에 더 많은 관심과 기대가 있는 경우에는 시간이 빨리 지나가기를 바라므로 시간의 경과에 의식을 집중하게 된다. 그 때문에 시간은 느리게 흘러간다고 느낀다. 퇴근 후에 친구들과의 술자리나 데이트가 몹시 기대될 때에는 좀처럼 업무시간이 끝나지 않는 것도 그러한 심리 메커니즘 때문이다. 지루한 시간은 좀처럼 지나가지 않는 법이다. 한편, 기대하고 기다리던 술자리나 데이트를 하는 동안 시간은 눈 깜짝할 사이에 지나간다.

　그렇다면 눈 깜짝할 새에 1년이 지나가는 회사생활은 충실하다는 뜻일까? 아무래도 그렇게 생각되지는 않는다. 여기에 **심리적 시간**의 역설이 있다. 즐거운 일이 가득한 시간은 눈 깜짝할 새에 지나가버리지만,

나중에 돌이켜보면 생각나는 일이 많아 매우 길게 느껴진다. 이와 반대로 특별히 즐거운 일도 기대할 것도 없는 단조로운 시간은 출구 없는 터널처럼 끝없이 계속된다. 하지만 나중에 돌이켜보면 특별히 생각날 만한 일이 없어 매우 짧게 느껴진다.

이 같은 심리적 시간의 불가사의한 비밀을 파헤친 재미있는 심리실험이 있다. 두 가지 경우로 나누어 그림을 차례로 보여주며 어느 정도의 시간이 경과했다고 생각하는지를 대답하게 하는 실험이다. 조건 1에서는 4초에 1장씩, 모두 16장의 그림을 보여준다. 조건 2에서는 2초에 1장씩, 모두 32장의 그림을 보여준다. 경과시간은 어느 쪽이나 같은 64초이지만, 실험에 참가한 사람들은 조건 2의 경우가 시간이 더 길게 느껴진다고 말한다.

소리나 빛 같은 자극을 사용해 시간의 길이를 평가하게 하는 실험도 있었다. 여기에서도 결과는 같았다. 같은 길이의 시간이어도 자극이 많은 쪽이 길게 느껴진다는 것이다.

이러한 실험에서 자극의 많고 적음은, 인생으로 치자면 인상적인 일 혹은 기분을 흔드는 일의 많고 적음에 해당한다. 어렸을 때는 매일 색다른 일을 경험하면서 생활 세계를 넓혀가기 때문에 자극으로 가득한 시간을 보낸다. 그런데 중년이 되면 그렇게 색다른 일을 경험하는 경우는 줄어든다. 일상적인 반복이 계속되며 단조롭고 변화가 거의 없는 시간

■ 심리적 시간 시계가 새기는 물리적 시간에 대해 인간이 주관적으로 평가하는 것. 일정 속도로 진행하는 물리적 시간에 비해 심리적 시간에는 농담이 존재해 신축자재한 성질이 있다.

자극적인 유년기, 단조로운 중년기

• 유년기와 청년기는 자극이
  많아 길게 느껴진다.

• 단조로운 날들은 눈 깜짝할 새에
  지나간 것처럼 느껴진다.

을 보내게 된다. 어릴 때나 젊을 때는 두근두근 마음이 설레는 신기한 경험, 인상에 남는 경험이 많은 반면 나이를 먹으면 그러한 경험이 적어진다는 것이다.

따라서 어릴 때나 젊을 때의 시간은 나중에 뒤돌아보면 길게 느껴진다. 한편, 나이를 먹은 다음부터의 시간은 눈 깜짝할 새에 지나간 것처럼 느껴진다.

여기에 시간을 충실히 하기 위한 힌트가 있다. 매일의 생활을 자극으로 가득 채운다. 즉, 인상적인 일이나 마음을 동요시키는 일로 채운다는 것이다. 직장생활과 사생활을 분리해서 각각을 자신에게 의미 있는 일로 채우면 충실한 시간이 된다.

무엇보다도 직장생활이 단조로운 반복이 되지 않도록 하는 것이 중요하다. 일상적인 일에도 나름대로의 자기다움을 가미하는 노력을 기울여야 한다. 언뜻 보아 단조로운 일을 하면서도 즐기는 사람들을 관찰해보면 공통으로 발견되는 점이 있다. 능률을 올리기 위해 혹은 사소한 일에서도 기쁨이나 즐거움을 느끼기 위해 나름의 노하우를 가지고 있다는 것이다. 서류정리나 메모를 할 때에도 나름의 노하우를 발휘해 즐긴다. 그렇다고 특별한 노하우는 아니다. 잠깐 궁리하는 것만으로 누구라도 발견할 수 있는 것들이다.

적극적으로 자기계발을 하는 사람도 직장생활, 나아가 사회생활이 충실하다. 최근에 아침 일찍부터 세미나에 다니는 사람들이 늘고 있다고 한다. 그 정도는 아니어도 지식이나 기술의 향상을 의식만 해도 무료한 일상적 일에 탄력이 붙는다.

사생활에서도 몰두할 취미가 있는 것은 큰 강점이다. 새로운 일에 도전하는 것도 중요하다. 느긋하게 몸을 쉬면서 심신의 피로를 치유하는

• 직장생활을 만끽한다.

• 사생활을 만끽한다.

2가지 라이프를 가득 채우는 자극

것도 중요하지만 무거운 몸을 움직여 열중하는 시간을 갖는 것도 필요하다. 몰두할 취미를 가진 사람이나 도전정신이 왕성한 사람의 시간은 눈 깜짝할 사이에 지나간다. 그리고 나중에 되돌아보면 충실하다.

> **POINT**
> 잠깐의 궁리만으로도 일상생활에서 충실한 시간의 흐름을 손에 넣을 수 있다.

적극적으로 미래를 맞아라

　　　　　매일 긍정적으로 생활하는 사람은 미래의 밝은 전망을 가질 수 있는 사람이다. 본인은 특별히 의식하지 않을지라도 그는 미래를 믿는 사람이라고 할 수 있다. 실제로 인생은 열심히 노력하면 분명히 좋은 방향을 향해간다. 다만 누구나 그렇게 믿을 수 있는 것은 아니다. 분명한 것은, 믿지 못하면 긍정적으로 살아갈 수 없고 적극적인 행동도 하지 못한다는 것이다.

　　좋은 일이 있으면 기분은 좋아지고 적극적으로 행동하게 된다. 싫은 일이 있으면 기분은 가라앉고 행동도 소극적이 된다. 때로는 될 대로 되라는 식이 되기도 한다. 하지만 우리의 감정이나 행동은 현재의 상황에 따라 규정될 뿐만 아니라 시간적 전망에도 큰 영향을 받는다. 매일 우리의 행동은 막연하게 안고 있는 미래에 대한 기대나 소원, 불안이나 꿈에 따라서 크게 좌우된다.

　　이에 대해 심리학자 마르커스와 뉴리어스는 **가능자기**_{可能自己}라는 개념으로 설명한다. 가능자기란 될 것 같은 자기, 되고 싶은 자기, 되고 싶지 않은 자기 등 가능한 자기를 말한다. 여기에서 '되고 싶은 자기'란 성공하고 있는 자기, 창조적인 자기, 유복한 자기, 사랑받고 있는 자기, 칭찬받고 있는 자기 등 바람직한 자기를 말한다. '되고 싶지 않은 자기'는 홀로 있는 고독한 자기, 우울한 자기, 무능한 자기, 실업상태의 자기, 홈리스의 자기 등 그렇게는 되고 싶지 않은 자기를 말한다.

낙관적인 미국인들 가운데에는 되고 싶은 자기로 움직이는 사람이 많다고 한다. 그에 반해 부정적인 일본인 중에는 되고 싶지 않은 자기로 움직이는 사람이 많다. 되고 싶은 자기를 확실하게 마음에 새겨둔 사람은 '이렇게 되면 좋겠다'고 생각하는 이상적인 상태를 목표로 적극적으로 노력할 수 있다. 한편, 되고 싶지 않은 자기를 의식하는 사람은 '이렇게 되는 건 싫다'라는 생각에 이끌려서 무슨 일에서나 소극적이기 쉽다. 그래서 무난한 것을 목표로 잡는다. 삶을 적극적으로 헤쳐나가려면 되고 싶은 자기, 즉 이상자기를 분명히 하는 것이 필요하다.

'꿈을 가져라'라는 말도 같은 맥락이다. 꿈을 분명히 그리는 사람은 다소의 어려움도 쉽게 헤쳐나갈 수 있기 때문이다. 분명한 꿈이라고까지는 할 수 없다 하더라도 막연하게나마 자신의 미래는 밝다고 생각하는 사람은 눈앞의 일에 침착하게 몰두할 수 있다.

■ 가능자기 현실에서 지금 여기에 있는 현실자기(現實自己)와는 달리 아직 실현되지 않은 미래의 자기를 가능자기라고 한다. 이렇게 되면 좋겠다고 바라는 이상자기, 이렇게 되어야 한다고 생각하는 의무자기(義務自己), 이렇게 되면 곤란하다고 생각하는 부(負, 마이너스)의 이상자기, 아마 이렇게 되겠지 하는 예상자기 등이 있다.

3가지의 가능자기

- 되고 싶지 않은 자기가 아니라 되고 싶은 자기를 응시함으로써 긍정적인 마음을 가질 수 있다.

당신은 자신의 미래를 어떻게 그리고 있는가? 특별히 생각한 적이 없는 사람은 한번 상상해보자. 이때 이상자기와 예상자기를 각각 떠올려 보면 좋다. 이렇게 되면 좋겠다라고 생각하는 자기, 되고 싶은 자기가 이상자기라면, '예상자기'란 '아마 이런 모습으로 되어 있겠지'라고 예상할 수 있는 자기, 이렇게 되겠지 하고 기대하는 자기이다.

일반적으로 이상자기와 예상자기 사이에는 틈이 있기 마련이다. 보통 '이런 모습이 이상적이긴 한데, 현실적으로는 이런 모습이겠지'라고 생각하게 된다는 말이다. 여기에서 주목해야 할 부분이 바로 그 틈이다. 아무 생각 없이 타성으로 지내다보면 예상자기의 수준에밖에 도달하지 못한다. 하지만 이상자기를 확실하게 떠올리고 의식한다면 미래의 자기는 예상자기에서 이상자기로 조금이라도 이끌려가게 된다.

의욕이 있는 사람은 이상자기를 강하게 의식한다. 반면 그다지 의욕이 없는 사람은 예상자기에 만족하는 경우가 많다. 시험 삼아서 1년 후의 자신을 떠올려보자. 일단 '1년 후의 나는 아마 이런 모습이 되어 있겠지'라는 예상자기를 생각해서 그려본다. 그런 다음에 '1년 후에는 이런 모습이 되어 있으면 좋겠다'라는 이상자기를 생각해본다. 이렇게 이상자기를 구체적으로 떠올려보는 것만으로도 1년 후에 자신은 예상 수준보다 조금은 더 나은 사람이 되어 있을 것이다.

다음으로 5년 후의 자신을 떠올려보자. '5년 후의 나는 아마 이런 모습이 되어 있겠지'라고 예상되는 자기를 그려본다. 그런 다음에는 '5년 후에는 이런 모습이 되었으면 좋겠다'고 생각하는 이상자기를 떠올려본다. 그에 따라서 5년 후에는 예상수준보다도 조금 더 나은 사람으로 되어 있을 것이다. 그리고 내친 김에 10년 후의 자신을 떠올려보자.

인생은 생각대로 되지는 않는다. 누구에게나 뒤돌아보면 후회되는 일이 있다. 심지어 많을 수도 있다. 그럴 수만 있다면 다시 하고 싶은 일도 있을 것이다. 그렇다고 해서 이상자기를 처음부터 포기해버린다면 긍정적인 인생을 손에 넣을 수 없다. 긍정적인 인생을 걷고 있는 사람은 자신의 미래를 믿는다.

이상자기와 예상자기

긍정적 시간전망을 갖기 위해서라도 장래의 이상자기를 확실하게 가져야 한다. 가끔이라도 그것에 대해 생각해보자. 구체적으로 생각할수록 효과는 더 좋다. 그럼으로써 매일의 행동이 이상자기를 향해 천천히, 하지만 한없이 가까워져간다.

우리는 시간적 존재이다. 미래를 향한 화살표를 위로 향하게 함으로써 적극적으로 매일의 일에 몰두할 수 있게 된다. 시간축 위에 이상자기를 나열해두고 상향 궤도를 깔아가는 것이 중요하다.

> **POINT**
> 이상자기를 구체적으로 떠올리면 장래의 전망이 펼쳐진다.

Section 3

자아실현을 위해 행동하는 사람

사람을 움직이는 기본적인 욕구

　　　　　　'욕심에 눈이 어둡다'거나 '욕망에 지고 말았다'는 등의 표현이 있다. '금욕'이라는 말도 있다. 이 같은 말의 근저에는 욕망을 억제하고 극복함으로써 훌륭한 인간이 될 수 있다는 금욕주의적 사고방식이 깔려 있다.

　그에 대해 심리학자 **매슬로**Maslow는 욕구란 결코 나쁜 것도 억제해야 할 것도 아닌 '충족되어야만 하는 것'이라고 말한다. 그리고 다음과 같은 성질을 가진 욕구는 살아가기 위해 기본적인 것이며, 그 결핍은 인간을 그것의 획득으로 몰아댄다고 말한다.

■ 매슬로　1908~1970년. 인본주의 심리학의 제창자. 병든 사람의 마음을 연구하는 정신분석학에 문제를 제기하며 건강하고 활기차게 활동하고 있는 사람의 마음을 연구하였다. 또 행동주의 심리학이 통계적 방법으로 평균적인 인간상을 파악하려 한 것을 비판하며, 개개인의 가능성을 강조하고, 자기의 가능성을 충분히 실현하고 있는 인물을 연구했다.

기본적인 욕구가 갖는 성질

① 충족되지 않으면 끊임없이 그 만족을 추구하게 된다.
② 충족되지 않으면 사람을 병들게 하거나 쇠약하게 만든다.
③ 충족이 치료효과를 가지고 있고 결핍에 의한 병을 치료한다.
④ 지속적으로 충족되면 결핍에 의한 병을 예방한다.
⑤ 건강한 사람들은 결핍상태를 보이지 않는다.

매슬로는 기본적인 욕구에 대해 이렇게 설명하며, 인간이 건강하게 살아가기 위해 충족되어야만 하는 기본적 욕구로 4가지를 들고 있다. 생존의 욕구, 안전의 욕구, 사랑과 소속의 욕구, 존중의 욕구 등이다. 그리고 이들 4가지 기본적 욕구 사이에 위계구조를 상정하고 있다. 하위에 있는 욕구일수록 저차원의 욕구임과 동시에 우선 충족되어야 하는 기본적인 욕구이다. 하위의 욕구가 어느 정도 만족되면 그보다 상위의 욕구가 사람을 움직이게 한다. 이것이 유명한 매슬로의 **욕구위계설**이다.

최하위층에 있는 것은 생존의 욕구이다. 생존의 욕구는 굶주림이나 갈증을 피하려는 욕구, 피로를 회복하려는 휴양이나 수면의 욕구 등 생

■ **욕구위계설** 매슬로가 제창한 것으로, 생존의 욕구, 안전의 욕구, 사랑과 소속의 욕구, 존중의 욕구 등 4가지의 기본적 욕구가 피라미드처럼 계층구조를 이룬다고 보고, 그 위에 자기실현의 욕구를 두는 것이다.

욕구위계설

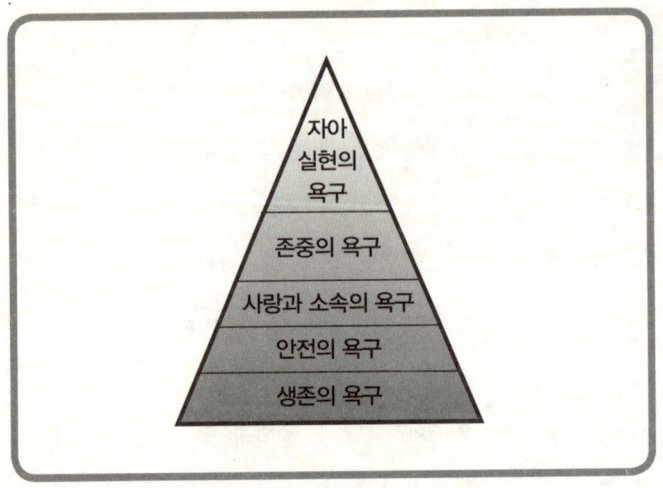

명유지를 위해 필요불가결한 욕구를 중심으로 성욕이나 자극욕구, 활동욕구 등도 포함한다.

　매슬로는 모든 것을 잃은 인간에게는 생리적 욕구가 다른 어떤 욕구보다도 우선해야만 하는 동기가 된다고 말한다. 확실히 굶주림으로 괴로움을 겪는 사람에게는 생존을 위해 주린 배를 채우는 것이 무엇보다도 시급한 과제이며, 이런 때에는 자유를 얻는 것, 애인을 만드는 것, 자존심을 갖는 것 등은 당장은 어떻게 되든 상관없는 것이 되기 마련이다. 극단적인 경우, 구걸해서라도 사람을 속여서라도 음식을 손에 넣어야 살아가는 게 가능할 수도 있다. 그런 상황에서는 자존심 같은 것은 접어둘 수밖에 없다.

　마음의 세계를 공유할 수 있는 친한 친구나 서로 애정을 쏟을 수 있는

연인이 생기면, 대부분 생존의 욕구에 대한 고착에서 해방된다. 일이 잘 진행되어 자신감을 갖게 되면 생존의 욕구에 대한 의존도는 자연히 낮아지는 법이다. 하위의 욕구가 만족되면 상위의 욕구를 추구하기 시작한다.

하지만 상위욕구의 추구가 계속해서 좌절되면 **퇴행**이 일어난다. 일반적인 경우, 먹는 것에 필요 이상으로 집착하거나 섹스 등의 자극이나 쾌락에 빠지면 더 이상 상위의 욕구가 만족되지 못하기 때문에 하위의 욕구 수준으로 퇴행되어 있다고 볼 수 있다. 그러면 하위욕구의 충족으

▪ **퇴행** 이전의 발달단계로 되돌아가 더욱 원초적인 행동양식을 취하는 것. '유아시기'로 되돌아가거나 미숙한 상태로 돌아가기도 한다.

로 만족하게 된다. 이런 현상은 한편으로는 에너지를 보급하는 면도 있다. 하지만 그것에 고착되어버리면 더욱 상위욕구를 추구하는 방향으로 향하지 않고 성장이 멈춰버린다.

생존의 욕구가 채워지면 다음에는 안전의 욕구를 추구하게 된다. 안전의 욕구란 몸의 안전이나 생활의 안정을 추구하는 욕구, 공포나 불안에서 벗어나고 혼란을 피하고 질서를 추구하려는 욕구 등이다. 구체적으로는 질병, 사고나 재해, 범죄나 치안의 불안 등을 피하려는 욕구를 말한다.

현대와 같이 풍요롭고 평화로운 시대에는 야수나 폭력배에게 습격을 당하거나 범죄에 휘말리는 경우는 드물다. 전쟁이 일어나거나 경제공황에 휩쓸리는 일도 드물다. 지진 등의 천재는 피할 방법이 없고 교통사고도 매일 전국에서 몇 건이나 일어나고 있지만, 자신이 피해를 입을 확률은 극히 낮다. 하지만 생활의 안전이나 안정에 위협이 되는 것은 그와 같은 극적인 일만은 아니다.

익숙하지 않은 것, 미지의 것에 대해 방어자세를 취하는 것도 안전욕구의 표현이라고 할 수 있다. 저축을 하거나 보험을 들어두는 것도 마찬가지다. 익숙하지 않은 것에 함부로 손을 대어 봉변을 당하는 경우, 은행예금으로 받는 이자보다 몇 배를 더 많이 번다는 말을 듣고 익숙하지 않은 투자에 손을 대서 끔찍한 경우를 만나는 사람은 셀 수 없을 정도로 많다. 안전에 대한 욕구는 그러한 위험을 피하게 한다.

도산할 가능성이 전혀 없는 회사는 없다. 또 회사의 방침을 더 이상 참을 수 없어 그만두는 경우도 있을 수 있다. 상사를 거슬러서 해고될

가능성도 제로는 아니다. 질병으로 한동안 돈을 벌지 못하는 경우도 있을 수 있다. 그래서 저축을 하거나 보험을 들어둔다. 그렇게 함으로써 매일매일 안심하고 지낼 수 있다. 안전에 대한 욕구를 충족시키면서 행동하기 때문에 우리는 평온무사하게 나날을 보낼 수 있는 것이다.

이렇게 안전의 욕구가 충족되면 사랑과 소속의 욕구가 나타난다. 사랑과 소속의 욕구란 친구·연인·배우자를 구하거나 소속집단을 구하는 욕구이다. 매슬로는 생존의 욕구나 안전의 욕구가 충족되면 그때까지와는 달리 친구·연인·배우자·아이 등 애정의 대상이 없어 생기는 외로움을 절실하게 느끼게 된다고 한다. 그러면 사랑이 충만한 관계를 구하고, 가족이나 동료집단·직장 등 거처가 되는 소속집단을 구하며, 그것을 위해 온갖 노력을 기울이게 된다.

사랑과 소속의 욕구

현대의 도시생활에서는 동네사람들이 모두 다 알고 지내는 근린사회와는 달리 이웃사람과 말조차 주고받지 않는 경우가 대부분이다. 부모의 전근이나 집 장만에 따라서 이사를 하고 전학을 가면서 가까운 친구들과 뿔뿔이 흩어지기도 한다. 자신의 진학이나 취직, 혹은 전근·전직에 따라서 이사하는 경우도 있다. 그래서 현대사회를 **이동성 사회**라고 한다.

이동성 사회에서는 고독이 널리 퍼져 있다. 정처 없는 떠돌이처럼 의지할 데가 없음을 느끼고, 어딘가에 정착하고 심적으로 편히 쉴 만한 거

▪ 이동성 사회 태어난 곳에서 평생을 살아가는 경우가 적고 이동이 많은 사회를 가리킨다. 도시화에 따른 지방에서 도시로의 인구집중, 교통수단의 발달에 따른 사람들의 행동범위 확장 등이 초래한 사회이다.

처를 원한다. 다른 사람과의 접촉을 원하거나 소속집단을 구하는 것도 당연한 심리라고 할 수 있다.

그 때문인지 현대의 젊은 세대는 친구들에게도 지나치게 마음을 쓴다. 분위기를 깨지 않는 것은 물론이고 가벼운 대화로 그 자리를 북돋우어야 한다는 생각에 고심한다. 하지만 속마음은 좀처럼 드러낼 수 없다. 집에 돌아가 한밤중에 혼자가 되었을 때, '내가 대체 뭘 하고 있는 걸까?'라는 생각이 들면서 처절한 고독감과 소외감이 밀려오기도 한다. 속마음은 터놓지도 못하고 분위기를 맞춰서라도 소속집단을 원하며 무리 속으로 들어가고 싶어 한다. 이런 식으로 사랑과 소속의 욕구를 충족해야 할 만큼 고독한 사회가 된 것이다.

어쨌든 사랑과 소속의 욕구가 충족되면 존중의 욕구가 나타난다. 존중의 욕구란 타인으로부터 인정받고 높이 평가받고 존중받고 싶다는 욕구이다. 여기에는 두 가지 측면이 있다. 하나는 명성, 평판, 사회적 지위 등 타인으로부터 승인받고 존경받기를 원하는 욕구이다. 또 하나는 강함, 달성, 성숙, 자존심 등 자긍심을 갖고 싶은 욕구이다.

진정한 의미에서 자신감을 갖는다는 것은 현대인에게 가장 중요한 과제라고 할 수 있다. 다른 사람으로부터 인정받고 싶다는 마음은 누구나 강하게 가지고 있다.

그러나 다른 사람의 평가에 지나치게 얽매이면 다른 사람의 눈치를 살피게 되고 다른 사람의 반응에 일희일비하여 마음이 안정되지 못한다. 편안한 생활을 할 수 없다. 기대한 대로 반응을 얻지 못하면 '난 안 돼'라며 침울해지거나 '왜 인정해주지 않지?' '칭찬해줘도 좋을 텐데' 하며 불만을 가지게 된다. 다른 사람들이 어떻게 생각하는지에 마음이 쓰여 자유롭게 행동하지 못한다는 사람도 적지 않다.

자신을 크게 보이려고 하는 사람은 존중의 욕구에 충동되면서도 마음속에서는 자신이 없다. 때문에 허세를 부려서라도 다른 사람들에게 인정받기를 원한다. 그리고 인정받지 못하면 견디지 못한다.

이상과 같이 매슬로의 욕구위계설에 기반을 두고 살펴보면, 현대인의 마음상태나 행동패턴이 손에 잡힐 듯이 파악된다. 기본적인 욕구가 충족되지 못할 때, 사람은 자기 자신을 잃으며 충동의 노예가 된다.

현대사회에서는 먹는 데 어려움을 겪거나 안전을 위협받는 경우는 적다. 대부분 안정된 생활을 할 만큼 돈벌이를 확보하는 동시에 어느 정도의 저금을 해놓는다. 이로써 생리적인 욕구도 안전의 욕구도 웬만큼 충족된다.

문제는 사랑과 소속의 욕구 그리고 존중의 욕구이다. 마음 터놓을 친구 하나 없는 고독한 인물의 어리석은 범죄가 더러 보도되는데, 이런 극단적인 경우가 아니라 하더라도 진심으로 이야기할 수 있는 친한 관계를 만드는 노력은 반드시 필요하다. 애정과 소속의 욕구가 만족되지 않으면 정서가 불안정해지고 일에 몰두할 수 없어진다. 부지런히 일하던 사람이 실연을 계기로 일에 대한 집중력을 잃고 이성에게만 관심을 돌리는 경우도 있는데, 이 역시 사랑과 소속의 욕구에 지배당하는 것이라고 할 수 있다.

또 손승의 욕구를 충족하기 위해 자신이 어떤 일이라면 능력을 발휘할 수 있는지, 어떤 방법이라면 일을 잘할 수 있는지도 알아둘 필요가 있다. 그러면 상사와 주위로부터 평가받을 기회가 늘어난다. 이는 자신감과도 연결된다. 자신감이 없으면 다른 사람의 시선만을 신경 쓰게 되고 충분히 능력을 발휘하지 못한다. 자신의 강점을 아는 것⟨Section 5⟩ 참조, 그것이 자신감으로 이어진다.

4가지 기본욕구가 적절하게 충족되면, 여유와 안정을 얻고 일에 몰두하게 된다.

자아실현의 의미

자아실현은 일상생활에서도 흔히 사용되는 말이다. 특히 비즈니스의 세계에서 자주 듣는다. 하지만 많은 사람들이 그 의미를 착각하고 있다. 대표적인 경우는 활약하는 것, 어떤 능력을 발휘하여 눈에 띄는 것, 사회적으로 성공을 거두는 것을 자아실현이라고 생각하는 것이다. 하지만 이러한 것은 모두 이기적인 성과이므로 자아실현과 중복되는 부분은 있어도 결코 동등한 것이라고 할 수는 없다.

매슬로는 생존의 욕구, 안전의 욕구, 사랑과 소속의 욕구, 존중의 욕구 등 기본적인 욕구가 충족되는 시점에 자아실현의 욕구가 나타난다고 한다. 그리고 자기 가능성을 실현하는 것, 그것을 촉구하는 욕구를 자아

■ **자아실현** 자신이 잠재적으로 가지고 있는 것, 자신의 가능성을 실현하는 것을 말한다. 현재의 자신 이상으로 성장하고 싶다는 자아실현 욕구는 기본적 욕구가 대체적으로 충족된 경우에 중심적 동기가 된다.

실현의 욕구라고 설명한다. 즉, 자아실현의 욕구란 자신이 잠재적으로 가지고 있는 것을 실현하려는 욕구이다.

　매슬로는 자아실현을 하고 있는 사람들은 다음과 같은 15가지 특징을 보인다고 설명한다. 그런데 이것을 보면 어지간한 성인군자가 아니면 자아실현할 수 없다는 느낌도 든다. 그래서 매슬로의 자아실현 이론은 일반 사람과는 관계가 멀다는 비판도 있다. 하지만 매슬로가 열거한 것을 자아실현을 향해 '성장하는 과정'으로 보면 상당한 의미가 있다. 자신을 좀 더 성장시키고 싶다거나 더욱 잘살고 싶다는 등 '어떻게 살 것인가'에 대한 방향성을 보여주기 때문이다.

자아실현을 하고 있는 사람의 15가지 특징

① 현실 중심. 매사를 현실 중심으로 정확하게 인지한다.
② 자신과 타인 그리고 자연에 대해 있는 그대로 받아들인다.
③ 자발성과 간결함을 견지한다.
④ 문제 중심. 자신이나 주위에 얽매이지 않는다.
⑤ ■**초월성**. 주위로부터 초월적이고 사생활을 즐긴다.
⑥ 자율성. 주위의 평가나 사회적 압력에 좌우되지 않는다.

■ 초월성　혼자 있어도 불안해하지 않고 적절한 고독을 즐기기 때문에 주위에 휘둘리지 않으며, 분쟁이 일어도 마음이 흐트러지지 않고 초연하게 있을 수 있는 성질.

⑦ 신선한 감성. 평범한 것일지라도 놀라움으로 바라본다.
⑧ ■**절정경험**을 원한다.
⑨ 공동체 감정. 인류와 일체감을 가진다.
⑩ 깊은 인간관계를 선호한다.
⑪ ■**민주적 성격구조**를 가진다.
⑫ 윤리감각. 수단과 목적을 구별할 줄 안다.
⑬ 악의 없는 유머감각이 있다.
⑭ 창의적이다.
⑮ 문화에 편입되는 것에 저항한다.

상업적인 재능을 발휘하여 사업을 궤도에 올리는 것 역시 명백한 자아실현의 과정이라고 할 수 있다. 자아실현을 하고 있는 사람의 15가지 특징에서 ①의 '현실의 정확한 인지'에 근거해 ⑭의 '창의성'이 충분히 발휘되는 것이다. 하지만 사람들의 평가나 평판에 지나치게 신경 쓰고 있다면 ⑥의 '자율성'이 아직 확립되어 있지 않다고 말할 수 있다. 또한 이윤추구를 위해 종업원을 혹사시키거나 소비자나 경쟁자를 속인다면 ⑫의 '윤리감각'에 위배되는 것이 된다. 반면 이득의 일부를 사원에

■ **절정경험** 지고체험(至高體驗)이라고도 한다. 매슬로에 따르면 지평선이 한없이 펼쳐져 있는 느낌으로, 강력함과 동시에 무력함을 느끼며 위대한 황홀감과 놀라움과 외경의 느낌, 중요하며 가치 있는 뭔가가 일어났다는 확신 등을 말한다.

■ **민주적 성격구조** 사회계급이나 교육 정도, 정치적 신념, 인종 등에 관계없이 자신에게 걸맞은 성격의 사람과 섞일 수 있는 마음가짐. 이와 같은 마음가짐을 가진 사람은 같은 인간이라는 이유만으로 누구에게나 어느 정도의 경의를 보일 수 있다.

게 환원할 뿐 아니라 사회공헌을 위해 사용한다면 ⑨의 '공동체 감정'에 근거하여 움직이고 있는 것이다.

　이처럼 자아실현을 하고 있는 사람의 15가지 특징과 비교해보면, 오로지 자신이 활약하고 다른 사람들의 눈에 띄고 성공하기를 바라는 이기적인 성과의 추구를 자아실현이라고 말하지 않는다는 것을 이해할 것이다. 콤플렉스가 강하며 무턱대고 눈에 띄려는 사람에게는, 설령 사업에서 성공하고 있어도 자아실현의 길은 멀다고 하지 않을 수 없다. 또 비록 성공했으나 다른 사람들의 주목을 받지 못하거나 대접을 받지 못하면 기분이 나쁘다는 사람들도 마찬가지다.

　자아실현을 지향하는 사람은 자신의 이익을 위해 다른 사람을 이용하지 않는다. 자신을 위해서만이 아니라 남을 위해서도, 사회를 위해서도 좋은 일을 목표로 삼는다. 일상의 세세한 일에도 감동하는 신선한 감상력을 가지며 타성으로 생활하지 않고, 일상 속에서도 창의적 연구를 계속해 자신다움을 발휘하려 한다. 또 자기 나름의 가치관을 가지고 있으며 주위의 평가에 휘둘리지 않는다.

　따라서 무엇보다 먼저 자신의 가치관을 갖는 것이 중요하다. 그리고 그것을 바탕으로 주위 사람들을 소중히 여기면서 자기다움을 발휘한다. 그것이 자아실현의 길로 이어지는 것이다.

POINT
자아실현을 추구하는 사람은 이기적인 성공에 현혹되지 않는다.

진정한 만족과 성장을 위해

화가를 예로 들어보자. 가난하여 끼니를 때우기 곤란한 상황이라면 팔 수 있는 그림을 그릴 필요가 있다. 먹고 살기 위해, 안정된 생활을 위해 그래야 한다. 생존의 욕구나 안전의 욕구에 내몰려서 그림을 그리게 된다. 하지만 팔려서 돈이 될지 어떨지, 얼마에 팔릴지는 매입자의 취향이나 욕구에 의존한다.

반면 경제적으로 그럭저럭 안정되었고 안정된 관계를 가진 화가는 존중의 욕구로 움직이게 된다. 전문가로부터 높은 평가를 받을 수 있는 그림을 그리고 싶어 한다. 전람회에서 입선하기를 목표로 그림을 그리기도 한다. 원하는 대로 입선을 하고 높은 평가를 받으면 좋겠지만, 인정받지 못하는 경우도 있다. 사람들의 인정 여부에 따라 일희일비하게 된다.

이런 까닭에 생존의 욕구, 안전의 욕구, 사랑과 소속의 욕구, 존중의 욕구 등 4가지의 기본적 욕구는 **결핍욕구**라고 한다. 자신에게 결핍되어 있는 것을 구하려는 욕구이기 때문이다. 예를 들면, 배가 고파 먹을 것을 구하거나 불안하기 때문에 안정된 수입을 원한다. 외로우니까 동료를 구하고, 자신이 없기 때문에 사람들로부터 인정받기를 갈구한다.

이러한 욕구의 충족은 타인에 의존한다. 타인이 충족시켜주지 않으면 안 된다. 그래서 다른 사람과 이해利害로 연결되고 때로는 대립하게 된다. 그러나 기본적 욕구가 충족되면 주위에 의존할 일이 줄어든다. 자립적으로 행동할 수 있게 된다. 거기에서 잠재능력이나 개성을 발휘할 길이 펼쳐진다. 자신의 내면에 없거나 부족한 것을 주위에서 구하는 것에서 벗어남에 따라 이해를 넘어 자유롭게 주위와 관계를 맺게 된다.

어느 정도 인정도 받고 자신감을 가진 화가는 기본적 욕구가 충족되기 때문에 자아실현의 욕구로 움직인다. 그러면 대중의 지지를 받아 돈이 될지 안 될지 혹은 전문가로부터 높은 평가를 받을지는 그다지 중요하지 않게 된다. 내면에서 솟아오르는 것을 표현하거나 자신이 감지한 감동을 보는 사람에게도 나눠주고 싶다는 생각을 하게 된다. 이 경우 화가는, 주위로부터 무엇인가를 획득하기 위해 그리지 않는다. 내용이 충실해진 자신의 내면을 표현하고 주위에 무언가를 주고 싶다는 욕구에 따라서 그린다. 그러므로 화가는 주위에 좌우되지 않고 오로지 자신이 그리고 싶은 것을 그릴 수 있다.

이때부터 이 화가가 원하는 것은 이런 것들이다.

■ **결핍욕구** 자신 안에 없는 것을 구하려는 욕구. 매슬로는 4가지의 기본적 욕구를 결핍욕구로 분류했다. 결핍동기라고도 한다.

존중의 욕구 사이에서 흔들리는 화가

- 생활을 위해 팔리는 그림을 그리려고 노력하는 화가.
- 좋은 평가를 받고 입선될 만한 그림을 그리려고 긴장하는 화가.
- 어디까지나 자신이 표현하고 싶은 것을 추구하는 화가.

"내 내면에서 솟구쳐나오는 것, 내가 감지한 것을 표현하고, 그 감동을 전하고 싶다. 나의 능력을 뭔가를 위해, 누군가를 위해 활용하고 싶다. 기쁨을 주고 싶다. 행복한 마음을 갖기 바란다. 애정을 쏟고 싶다. 인정해주고 싶다. 그런 식으로 행동할 수 있도록 성장하고 싶다. 성숙하고 싶다."

이것이 자아실현의 욕구로 움직이는 것이라고 말할 수 있다. 따라서 자아실현 욕구는 ■**성장욕구**라고도 한다.

결핍욕구와 성장욕구를 비교하면, 결핍욕구는 충족됨에 따라서 소거

■ **성장욕구** 자신의 내면에서 솟아오르는 것이나 감지한 것을 표현하고 싶다는 욕구, 진·선·미 등의 가치를 실현하고 싶다는 욕구 등, 자신의 성장을 추구하는 욕구를 가리킨다. 긴장을 지속시키고, 때로는 스스로 긴장을 만들어내도록 방향 지어서 자신을 성장으로 이끌려고 하는 욕구이다. 성장동기라고도 한다.

되는 데 반해 성장욕구는 아무리 시간이 흘러도 사라지지 않는다는 차이가 있다. 생계 때문에 생존의 욕구나 안전의 욕구에 매몰되어 일해온 사람이라도 생활이 안정되면 돈을 위한 일만으로는 부족해진다. 생리적 욕구나 안전의 욕구는 일단 만족되면 더 이상 사람을 움직이는 동력이 되지 않는다.

사랑과 소속의 욕구 역시 마찬가지다. 고독감을 못견뎌하던 사람도 자신을 인정해주는 친구나 사랑하는 애인이 생기면 더 이상 그 욕구에 좌우되지 않고 안정적으로 일에 몰두할 수 있다. 하지만 친구나 연인을 잃으면 다시 사랑과 소속의 욕구에 몰리고 좀처럼 일에 집중할 수 없게 된다.

이 같은 결핍욕구와 달리 성장욕구는 아무리 충족되어도 고갈되지 않는다. 로봇개발에 종사하는 L씨는 이런저런 시행착오를 겪으면서 로봇의 성능을 개량해가는 과정을 매우 즐긴다. 물론 진행이 매끄럽지 않아 괴로울 때도 있다. 제품화하지 못해서 상사로부터 불평을 들을 때도 있다. 또 제품화할 수 있는 로봇이 완성될 때도 있다. 하지만 L씨의 목표는 팔리는 로봇을 만드는 것도 인정받는 것도 아니기 때문에, 로봇에 대한 열정이 식는 일은 없다. 그는 성능을 한층 더 개량하기 위해 로봇개발에 몰두한다. 이처럼 자신의 잠재능력을 개발하여 창조성을 발휘하는 성장욕구는 어느 시점에 이르더라도 멈출 줄을 모른다.

20년 이상 인사 및 업무지원 분야에서 일하고 있는 M씨는 다른 직원들이 만족하며 일할 수 있도록 지원하는 일에 보람을 느낀다. 어두운 표정으로 상담하러왔던 직원이 다시 활기차게 일하게 되거나, 일이 자신

성장의 원동력이 되는 성장욕구

- 로봇개발에 정열을 태우는 사람

- 다른 직원을 지원하는 일에 보람을 느끼는 사람

에게 맞지 않는다며 배치전환을 희망하던 직원이 새로운 부서에서 능력을 발휘하기 시작하면, 자신의 일처럼 기뻐한다. 물론 성취감과 충족감을 이미 얻었다고 해서 이 일에 싫증이 나는 경우는 없다. 직원들의 어두웠던 얼굴이 밝아지는 것을 지켜보면서 이 일을 선택하고 지금까지 해온 것이 옳았다고 확신한다. 이처럼 다른 사람들에게 기쁨을 선사하는 식의 성장욕구에 근거한 활동 역시 아무리 충족되어도 싫증나지 않는다.

정리하면, 자아실현이라고 하면 자신이 활약하고 눈에 띄고 성공하는 것이라고 생각하기 쉬우나 본래는 그처럼 이기적인 것이 아니다. 또 특별히 재능이 뛰어난 예술가나 발명가처럼 남다른 빛을 발하는 사람만이 도달할 수 있는 것도 아니다. 극히 평범한 생활 속에서도 흡족해하는 마음으로 자신의 개성을 발휘하는 사람, 주위에 뭔가를 줄 수 있는 사람, 더욱 잘살고 싶어 열심히 사는 사람……, 그러한 사람들이 자아실현을 향해 성장과정을 걷고 있는 것이다.

    자신의 일을 성장과정에 올려놓을 수 있다면 그만큼 행복한 일도 없다. 성장욕구라는 관점에서 일상의 일을 재검토해보자.

POINT
성장욕구로 살아가는 사람은 일이나 인생에 싫증이 나지 않는다.

정말 하고 싶은 일은 따로 있다?

　　　　　　자신에게 잠재되어 있는 것을 개발하여 더욱 큰 인간으로 성장해가는 것이 자아실현이고 그것을 원한다면, 단순히 주어진 일을 처리하는 데 만족해서는 안 된다. 당연한 이야기지만, 그보다는 자신에게 정말로 적합한 일을 추구해야 한다. 그것이 자기다운 삶의 방식을 가져다주며 나아가서는 자아실현으로 이어진다.

　최근 이런 생각을 가진 젊은이들이 늘고 있다. 바람직한 일이다. 그러나 여기에서 우리가 스스로에게 던질 질문이 있다. "그래서 무엇을 하고 있느냐?"는 것이다.

　비정규직이나 아르바이트가 늘고 있는 것은 사회적 문제이고 해결해야 할 정치적 과제이다. 하지만 한편에서는 정사원으로 조직에 소속되기보다 계약사원이나 프리터로서의 홀가분함을 더 중요하게 생각하는 젊은이가 적지 않은 것도 사실이다. 젊은 세대가 아니어도 한번 취직한 직장에 평생 머물 생각은 없으며 발전을 위해 전직을 생각하는 사람도 늘고 있다. 일하는 쪽도 직장을 자신의 커리어 형성을 위한 한 과정으로 받아들이고 있고, 조직 쪽에서도 종신고용을 보장하는 시대는 이미 지나갔다.

어떤 면에서는 무척 바람직한 현상이다. 하지만 마음에 걸리는 것이 하나 있다. '나에게는 달리 하고 싶은 일이 있다' 혹은 '여기는 내가 계속 머물 곳이 아니다'라고 말하면서도 아무것도 하지 않는 사람들이 있다는 것이다.

당장 할 일에 몰두하지도 못하고 스스로를 연마하거나 기술을 습득하기 위한 노력도 특별히 하지 않으면서 "하고 싶은 일이 따로 있다"고 한다면, 그건 변명에 지나지 않는다. 끈기 없는 자신, 능력을 발휘하지 못하는 자신, 부지런하지 못한 자신, 무언가에 대해 동기부여가 생기지 않는 자신에 대한 '변명'일 뿐이다.

물론 하고 싶은 일을 지향한다는 것은 좋은 일이다. 단순히 생활의 양식을 얻는 것 이상으로 일에 '보람'이라는 부가가치를 창출하려는 적극적인 자세는 충분히 평가할 만하다. 하지만 정말로 하고 싶은 일을 향해서 전진하고 싶다면, 그것을 위해 구체적인 노력을 해야 한다는 것이다. 예컨대, 어떤 지식을 익힐 필요가 있는지, 어떤 능력을 연마하면 좋을지, 어떤 자격증을 따면 유리할지 등 최소한의 정보는 파악하고, 그에 따라서 움직이기 시작해야 한다는 것이다.

실제로 '지금의 일은 정말로 하고 싶은 일이 아니다'라고 말하면서도 정말로 하고 싶은 일을 위해 아무것도 하지 않는 경우가 많다. 게다가 "그럼 어떤 일을 하고 싶은가?"라고 물으면 "그것은 아직 모르겠다"라는 대답이 돌아오는 경우도 흔하다. 꿈이나 하고 싶은 일, 자기다운 삶의 방식 등등을 말하면서도, 끈기 있게 또 부지런히 노력하지도 않고 기술이나 지식을 획득하려는 노력도 하지 않는다. 이런 경우, 그저 안이하게 시간을 보내면서 자신을 속이고 있는 것은 아닌지 생각해볼 필요가 있다. 하고 싶은 일이 있다기보다 일을 열심히 하지 못하는 자신을 외면하거나 변명하고 싶은 것은 아닌지 돌아볼 일이다.

정말 하고 싶은 일이 있고 그것을 위해 노력하는 것은 바람직하면서도 당연한 일이다. 다만, '정말 하고 싶은 일이 따로 있다'는 생각이 눈앞의 일과 자신이 잘 맞지 않다는 핑계거리 구실을 하고 있지는 않은지 살펴보아야 한다.

정말 하고 싶은 일을 찾는 자세

스스로에게 자신이 없는 사람, 어떤 일이 좌절되면 금방 침울해지는 사람이 늘고 있다. 우울증이라는 말도 일상적으로 쓰이게 되었다. 하지만 그처럼 상처받기 쉬운 사람에게는 또 다른 일면도 있다. 스스로 자신감이 없고 특히 자랑할 만한 것이나 장점이 없다고 생각하면서도 한편으로는 '나는 이런 사람이 아니다'라는 생각을 갖고 있다. 내면에 자신 없음과 지나친 자기애가 동거하고 있는 것이다.

사람들은 누구나 단순히 돈을 버는 것만이 아니라 '하고 싶은 일'을 하면서 생활하기를 원한다. 하지만 자신이 무엇을 할 수 있는지 알지 못하고 어떤 일을 할 수 있다는 자신감이 없는 경우도 있다. 이런 경우, 결국 타협도 하지 못하고 도전도 하지 못하는 어중간한 자세로 시간이 지나간다.

어떻게 보면, 정말 하고 싶은 일을 찾는다는 말의 다른 표현은 '철부지나 게으름뱅이'일 수 있다. 그 차이는 종이 한 장이다. '기동전사 건담'을 낳은 토미노 요시유키 감독도 애니메이션 정보지에서 인생상담을 하면서 가장 마음에 걸리는 것이 이것이라고 지적한 바 있다. 즉, 애니메이션에 관계되는 일을 하고 싶다고 말하면서 그에 관한 공부를 전혀 하지 않는 사람이 많다는 것이다.

요시유키 감독은 그러한 경우 일단 안이한 자세를 나무란다고 한다. 그리고 이 업계에 들어오는 사람은 대부분 10대 중반에 "충동에 충동되어 움직이다가 정신을 차리고 보면 그림을 그리고 있고 시나리오를 쓰고 있다"고 말한다. 무엇인가를 하고 싶다고 생각하는 순간 이미 움직인 사람들이라는 것이다. 따라서 요시유키 감독은 그렇게 하지 못하는 사람은 보편적인 생활을 생각하는 편이 더 좋다고 충고한다.

소비자로서 애니메이션을 좋아하는 것과 그것을 만들어내는 사람이 된다는 것, 그 사이에는 상상 이상으로 큰 차이가 있다. 생각해보면 당연한 일이지만, 이 차이를 생각하지 못하는 것은 '과대자기'의 환상이 작용하는 것이라고 말할 수 있다. 과대자기란 현실적인 뒷받침이 없는 과대망상적인 자기를 말한다. 근거 없는 자신감을 가진 사람은 달리 보면 과대자기를 마음에 품은 채 자신에게 어울리는 일에서 안정을 찾지 못하는 사람이 아닐까? 이런 경우 시급한 일은, 과대자기의 환상에서 벗어나서 현실적인 노선으로 이행하는 것이다.

과대자기

'나는 이런 사람이 아니다'라는 생각이 든다면, '그럼 어떤 사람인가?'를 물어야 한다. 무엇을 할 수 있는지, 특별한 능력은 무엇인지, 남들보다 잘할 수 있는 것은 무엇인지, 어떤 능력을 갈고 닦으면 쓸 만한 것이 될지를 묻고 고민해야 한다.

'이런 일은 본격적으로 할 마음이 들지 않는다'는 생각이 든다면, '그럼 어떤 일이라면 할 마음이 들까?'를 물어야 한다. 지금 하는 일의 어떤 점이 불만인지, 자신에게 적합한 일이 어떤 것일지, 어떤 일이라면 계속할 수 있을지, 그러기 위해 어떤 준비를 해야 하는지 물어야 한다.

인생에서 언제까지나 도망칠 수는 없다. 우선은 어딘가에 뿌리를 내리고, 할 수 있는 것부터 본격적으로 몰두해야 한다. 그러는 사이에 자기가 할 수 있겠다는 일, 그 중에서도 하고 싶은 일이 눈에 들어오게 될 것이다.

> **POINT**
> '정말 하고 싶은 일은 따로 있다'는 핑계는 그만두고, 현실적으로 자신이 할 수 있는 일을 분명히 한다.

Section 4

스스로 의욕을 이끌어내는 사람

일에 재미를 붙이려면

술집에서 혼자 조용히 한잔하고 있을 때의 일이다. 가까운 자리에 앉은, 학교 동기동창으로 보이는 두 사람의 대화가 들려왔다. 두 사람을 A씨와 B씨라고 하자. A씨는 B씨를 부러워하면서 동시에 이상하게 여긴다.

A: 넌 어떻게 항상 의욕이 넘치지? 어떻게 일이 즐거울 수 있지? 난 이해가 안 돼. 먹고 살아야 하니까 어쩔 수 없이 일하고는 있지만 돈만 충분하면 당장이라도 그만두고 싶어. 아이 교육비에 주택 대출금도 갚아야 하니 어쩔 수 없는 거지. 복권이라도 당첨되면 좋을 텐데…….

B: 그렇게 생각해? 그럼 만일 일을 안 해도 되면 뭘 하면서 살려고?

A: 응? 뭘 할 거냐고? 특별히 생각해보진 않았지만……. 아무

튼 일이 재미있다는 생각은 들지 않아. 돈을 안 벌어도 된다면 일 따위는 하고 싶지 않아."

B: 만일 일을 안 하게 된다면 난 지루해서 못 살 것 같아. 일을 하고 있으면 눈 깜짝할 사이에 하루가 지나가. 물론 힘들 때도 있지. 하지만 어려운 문제에 도전할 때 느끼는 성취감은…… 뭐라고 표현할 수가 없어."

A: 게임을 하듯 일한다는 말이지? 그런 감각으로 일을 즐기다니, 네가 정말 부럽다.

"일이 즐겁다는 사람이 부럽다. 난 도저히 그렇게 생각할 수가 없다. 그런 생각을 하다니 얼마나 멋진가."

이것이 많은 직장인들의 속마음이다. 대부분의 사람들은 월급이나 보너스 혹은 승진하기 위해 일한다. 하지만 여기에 큰 함정이 있다. 생각해보라. 당신은 왜 일하는가?

"그야 돈을 벌지 않으면 먹고 살 수 없으니까"라고 말하는 사람이 대다수일 것이다. 먹기 위해, 돈을 위해 일을 한다는 말이다. "내 집을 장만하려고" "휴가 때 여행하는 여유를 얻으려고" "좀 더 풍요로운 생활을 하려고" 등의 대답도 비슷한 이유라고 할 수 있다. 일에 대한 '의욕'을 일 자체보다 그 외의 요인에서 찾는 것이다. 먹고살기 위해서든, 집을 장만하기 위해서든, 휴가 때 여행을 하기 위해서든, 좀 더 풍요로운 생활을 위해서든, 결국 금전적 보수라는 목적이 일을 하게끔 몰아붙인다는 것이다.

행동의 배후에는 반드시 동기가 있다. 형사 드라마에서도 '범행의 동기'를 명확히 밝힘으로써 범인을 특정해간다. 살해된 피해자에게 앙심을 품은 사람이 있다면 그에게는 범행동기가 있다고 간주한다. 미심쩍은 죽음을 맞이한 사람이 거액의 보험에 가입되어 있다면, 보험금 수령인에게 사고를 가장해 살해할 동기가 있다고 추측한다.

행동의 배후에서 사람을 행동으로 이끄는 심리적 요인을 '동기'라고 하고, 사람을 특정한 행동으로 이끄는 것을 **동기부여**라고 한다. 형사

■ 동기부여 일정한 행동으로 이끌어가는 과정. 말하자면 의욕을 갖게 하는 것을 가리킨다. 생리적 욕구와 같이 생존을 위해 반드시 필요해서 움직이는 경우도 있는가 하면, 평가나 사랑을 구하는 등의 사회적 욕구로 움직이는 경우도 있다.

드라마의 예와 같은 추측이 들어맞은 경우, '앙심을 품은 마음' 또는 '보험금에 대한 욕심'이 살해동기가 되었다고 할 수 있다.

　이것을 일에 적용하면, 먹고 살기 위해, 집을 장만하기 위해, 여행을 위해 열심히 일하는 경우는 금전보수가 일에 동기를 부여한 것이다. 실적을 올려 인정받고 싶다거나 승진하고 싶다는 등의 동기로 분발하는 사람도 있다. 이처럼 돈이나 평가, 지위 같은 타인이 부여하는 **외적보수**가 의욕을 갖게 하는 요인이 될 때, '외적 동기부여'라고 한다.

　외적 동기부여가 작동하는 경우, 열심히 일해 매출을 올린 결과 보너스가 많이 나왔다면 '좀 더 힘내자'는 마음을 갖게 된다. 승진을 하면 의욕이 점점 더 커진다. 외적 동기부여 시스템의 유효성을 뒷받침하는 구체적인 사례로 판매·영업직의 인센티브 제도를 들 수 있다. 노력한 만큼 금전보수가 늘어나기 때문에 그 의도대로 기능하는 제도이다.

　그에 반해 '내적 동기부여' 시스템이 작동하는 경우에는, 누군가로부터 보수를 받지 않아도 일을 하고자 한다. 자신의 내면에서 솟아오르는 욕구에 근거해서 의욕이 생기는 것이다.

　"전보다 내게 힘이 붙었다고 실감하게 되어 기쁘다."

　"알지 못했던 것을 알게 되었고, 할 수 없었던 일을 하게 되었다."

　"일은 어렵고 스트레스도 많이 쌓이지만, 성취감은 뭐라 표현하기 어렵다."

- **외적보수**　돈을 위해 일한다, 출세를 위해 전력을 다한다, 칭찬을 받고 싶어서 열심히 한다, 우승을 하고 싶으니까 가혹한 연습을 견딘다…… 이와 같은 경우의 금전이나 출세, 칭찬, 우승 등 타인이 부여하는 보수를 말한다.

내적 동기부여와 외적 동기부여

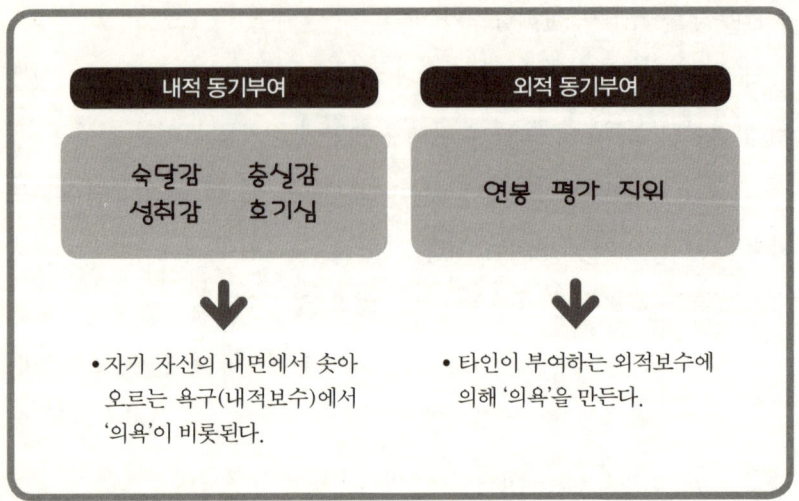

이런 경우에는 숙달감, 충실감, 성취감, 호기심 등 자기 내면에서 비롯되는 요인이 동기를 부여한다. 일하는 것 자체가 심리적 보수가 되는 것이다.

내적 동기부여를 가장 잘 보여주는 예는 취미나 놀이이다. 취미나 놀이는 그야말로 내적 동기부여에 따라 이루어진다. 여행을 좋아하는 사람이 여행을 떠나거나 스포츠를 좋아하는 사람이 경기장에 가는 경우,

■ 내적보수 다른 사람에게 특별히 보수를 받지도 않는데 노력하는 경우가 있다. 그 경우에는 숙달감, 충실감, 달성감, 호기심 등의 충족이 동기부여가 된다. 이와 같이 타인이 부여하는 것이 아니라 자기자신의 내면에서 솟아나는 보수가치를 내적보수라고 한다.

여행을 떠나는 것이나 스포츠 관전 그 자체가 충분한 보수가 된다. 돈이나 지위, 평가 등과 같이 다른 사람이 부여하는 외적보수와는 달리 **내적보수**에 의해 동기가 부여되는 것이다.

그런데 일은 왜 즐겁지 않을까? 학생들이 공부를 좋아하지 않는 이유와 같다. 외적보수를 위해 일하기 때문이다. 대부분 학생들은 좋은 성적을 거둬 칭찬받기 위해, 갖고 싶은 것을 사달라고 하기 위해, 시험에 붙기 위해 공부한다. 이런 경우 공부는 다른 목적을 위한 수단이 되고, 그 결과 공부의 즐거움을 잃어버리고 만다. 공부 자체에서 즐거움을 느끼지 못한다는 것이다.

마찬가지로 금전적 보수나 평가를 위해 일하는 경우, 일은 점점 재미없어진다. 급료나 보너스 혹은 승진 등의 외적보수를 너무 의식하면 일은 그러한 보수를 얻기 위한 단순한 수단이 되고, 그 결과 일하면서 얻는 보람이나 성취감과 충실감, 그리고 거기에서 비롯되는 기쁨을 점점 빼앗기고 만다.

이처럼 외적보수가 내적 동기부여를 저하한다는 것은 심리학 실험에 의해 이미 증명된 사실이기도 하다. 심리학자 디시는 재미있는 퍼즐을 많이 준비한 다음 퍼즐을 좋아하는 대학생들을 두 그룹으로 나누어 3일에 걸쳐 실험을 했다. A그룹은 3일 가운데 둘째 날 퍼즐을 하나 풀 때마다 금전보수를 받았다. B그룹은 3일 모두 외적보수가 주어지지 않았다. 두 그룹 모두 퍼즐을 좋아하는 학생들이었지만, 실험결과 B그룹은 3일 내내 흥미를 잃지 않고 퍼즐을 푼 반면 A그룹은 셋째 날에 퍼즐풀기에 대한 의욕이 저하되었다.

디시가 실시한 퍼즐풀기 실험

그룹 \ 날짜	첫째 날	둘째 날	셋째 날
A 그룹	♪	금전	…
B 그룹	♪	♪	♪

- A그룹의 경우, 단 한 번의 외적보수가 주어졌지만, 거기에 맛을 들인 결과 퍼즐풀기의 기쁨을 빼앗겨버렸다.

이러한 결과는 무엇을 의미할까? A그룹 학생들이 셋째 날 흥미를 잃은 까닭은 B그룹 학생에 비해 퍼즐풀기를 덜 좋아하기 때문이 아니다. 외적보수를 의식함에 따라 퍼즐풀기가 보수를 얻기 위한 단순한 수단으로 전락해버렸기 때문이다. 그래서 퍼즐을 푸는 성취감이 주는 기쁨이나 흥미를 빼앗기고 만 것이다.

당신은 어떤가? 월급이나 승진 등 외적보수를 위해 일하고 있지는 않은가? 그렇다면 일이 재미없는 건 당연하다.

어릴 때를 떠올려보자. 하지 못하던 일을 할 수 있게 되었을 때, 예컨대 처음 글자를 읽게 되었을 때나 줄넘기를 잘하게 되었을 때를 상기해보자. 상당히 기뻤으리라. 일하기 시작한 때나 일을 잘할 수 있게 된 때의 숙달감, 그리고 일을 마무리 지은 때의 성취감은 그 자체로 커다란 기쁨을 느끼게 하고 만족감을 주었으리라. 요컨대, 아무쪼록 초심으로 돌아가 보수 따위는 잊고 일 자체를 즐기자는 것이다.

> **POINT**
>
> 외적보수에 의존하는 한 일하는 보람은 점점 잃게 마련이다. 일의 즐거움을 느끼게 하는 내적보수로 눈을 돌리자.

실패를 딛고 성공하는 법

영업사원 C씨와 D씨는 지식이나 커뮤니케이션 능력에 차이가 있는 것처럼 보이지 않는데 실적에서는 큰 차이가 난다. D씨의 매출은 C씨의 거의 2배에 이른다. 이들이 실적에서 어떻게 이처럼 큰 차이를 보이는지 그들의 상사조차 이해되지 않는다고 한다.

성과를 결정짓는 요인에는 지식과 능력 외에 동기부여도 있다. 지식이나 능력에 차이가 없을 때 생기는 성과의 차이는 동기부여에 의한 것이라고 보면 틀림이 없다. 그렇다면 C씨와 D씨의 경우에는 어떤 차이가 있는 걸까? 이들의 경우, 외적보수나 내적보수의 문제가 아니었다.

판매를 위해 두 사람 모두 필사적으로 노력한다. 프레젠테이션을 할 때도 철저히 준비하고 최선을 다한다. 그런데도 채택되지 않았을 때, 이때 두 사람의 차이가 확인된다. 이럴 경우 C씨는 "나에게 능력이 없는 것은 아닐까? 이 일은 내게 적합하지 않을지도 모른다"며 불안해하거나 침울해하는 경향이 있다. 반면 D씨는 "뭐가 부족한 걸까? 기술을 좀 더 익히고 연구를 더해야 하는 건 아닐까"라고 생각한다. 영업능력을 높이기 위해 무엇을 해야 하는지에 눈을 돌린다는 것이다.

당연히 일에서 향상되는 쪽은 D씨와 같은 유형이다. 실패를 해도 낙담하지 않고 그것을 성공으로 연결 지으려고 한다. 실패를 교훈으로 삼아 힘을 북돋운다. 일의 진행이 매끄럽지 않을 때, 지식과 능력 또는 태도에서 부족한 것이 무엇인지를 생각하고 그것을 극복하려 한다. 실패를 통해 오히려 성취하고자 하는 마음이 발동하는 것이다.

반면 C씨와 같은 유형은 흔게 갖고 있는 지식이나 능력으로 진행이 잘될 때는 의욕이 지속되지만, 진행이 매끄럽지 않으면 마음의 에너지가 저하되면서 의욕이 감퇴하고 만다.

C씨와 D씨가 사물을 바라보는 시각의 차이를 '원인귀속'이라는 관점에서 설명할 수 있다. ■**원인귀속**이란 성공한 때나 실패한 때, 그 원인을 어디에서 찾는지를 보여주는 것이다. 예를 들어, 상사의 평가가 보너스에 영향을 주는 회사에서 동료가 보너스를 더 많이 받는다는 것을 알았다고 하자. 이럴 때 당신은 "요즘 의욕이 생기지 않았으니까 평가가 낮아도 어쩔 수 없다" "그 사람 능량은 도저히 못 당하지" 하며 자기 자신을 탓할지도 모른다. 혹은 "상사한테 미움을 받고 있으니까" "아무래도 이 회사의 평가 시스템은 나와는 맞지 않아. 이래서는 정당한 평가를 받

■ **원인귀속** 귀인(歸因)이라고도 한다. 사람에 따라 성공이나 실패의 원인을 탓하는 습관이 있다. 그것을 원인귀속의 유형이라고 한다. 실패할 때마다 자신이 탓이라고 낙담하거나 무슨 일이든 운 탓으로 돌리는 태연한 태도 등은 원인귀속의 유형에 따른다고 할 수 있다.

의욕과 인지유형의 관계

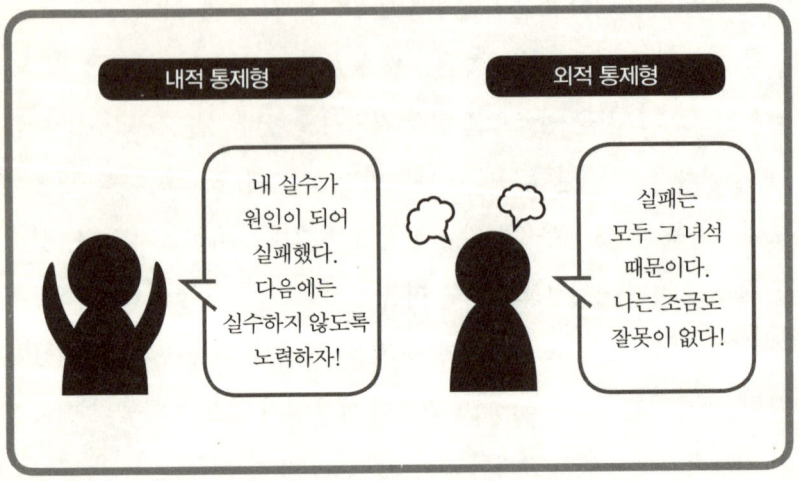

을 수 없어"라는 식으로 상사와 평가시스템을 탓할지도 모른다.

원인귀속의 유형과 실적의 관계를 조사한 심리학계의 데이터에 따르면, C씨와 D씨의 사례에서 보듯 자신의 성공이나 실패를 상황이나 타인 탓으로 돌리는 사람보다 자신의 탓으로 삼는 사람 쪽이 더 높은 성과를 올리는 것으로 드러났다. 성공이나 실패의 원인을 운이나 타인의 영향력 등 외적조건에서 구하는 인지유형을 **외적 통제형**이라고 한다. 반대로 성공이나 실패의 원인을 자신의 능력이나 기술 등, 내적조건에서 구하는 인지유형을 **내적 통제형**이라고 한다.

이러한 인지 스타일은 '하고자 하는 마음'에 크게 관계되어 있다. 의욕적인 사람들은 대부분 내적 통제형이다. 자신의 탓으로 돌림으로써 스스로 의욕을 만들어낸다.

하지만 여기에서 주의해야 하는 점은, 무엇이든 자신의 탓으로 돌린다고 해서 의욕이 생기는 것은 아니라는 사실이다. 앞에서 본 C씨의 예와 같이 "나에게 능력이 없는 것은 아닌가?" "이 일은 내게 적합하지 않을지도 모른다"는 식으로 실패를 모두 자신의 탓으로 돌리면 마음이 우울해지고 오히려 의욕이 저하된다. 따라서 자신의 탓으로 돌리더라도 다소 요령이 필요하다.

의욕을 낳는 원인귀속의 메커니즘을 밝힌 사람은 심리학자인 와이너다. 와이너는 내적통제-외적통제라는 통제 위치의 차원과 고정적-변동적이라는 안정성의 차원을 조합해 원인귀속을 4개로 분류했다.

원인을 자신 안에서 찾느냐 밖에서 찾느냐에 따라 내적 혹은 외적 통제로 구분하고, 변화가 가능한 것인지 아닌지에 따라 고정적 혹은 변동적 요인으로 구분한다. 예컨대, 능력과 적성은 내적통제에 속하면서 고정적 요인이 된다. 반면에 노력이나 기술은 내적통제에 속하면서 변동적 요인이다.

의욕적인 사람은 성공을 고정적이든 변동적이든 내적조건 탓으로 하지만, 실패는 '변동적인 내적조건' 탓으로 돌린다. 반면, 의욕이 없는 유형의 사람은 성공했을 때나 실패했을 때나 변동적인 내적조건노력·기술

- **외적 통제형** 성공이나 실패를 운이나 타인의 영향력 등, 자기 이외의 요인 탓으로 돌리는 원인귀속의 유형. 실패한 때에 타인의 탓으로 돌리는 것이 그 전형이다.
- **내적 통제형** 성공이나 실패를 능력이나 노력 등 자기자신의 내적요인 탓으로 돌리는 원인귀속 유형. 성공한 때에 기뻐서 어쩔 줄 모르거나 실패한 때에 반성을 하거나 풀이 죽거나 하는 것이 그 전형이다.

원인귀속의 4가지 유형

안전성 \ 통제의 위치	외적통제	외적통제
고정적 요인	① 능력 · 적성	② 과제의 난이도
변동적 요인	③ 노력 · 기술 · 컨디션	④ 운 · 상황

등 탓으로 돌리는 경우가 적다.

예를 들면, 매출이 좀처럼 늘지 않아 노르마(개인에게 부과된 노동량)를 채우지 못하는 영업사원이 "이런 노르마 자체가 무리다" "이런 상품이 그렇게 팔릴 까닭이 없다" 등과 같이 팔리지 않는 원인을 고정적인 외적조건 탓으로 돌리거나, "저 상사 밑에서는 도저히 의욕이 생기지 않는다" "이 불경기에 매출을 늘리라니 도저히 불가능하다" 등과 같이 변동적인 외적조건 탓으로 돌리는 것이다. 이런 경우 의욕이 생길 리 없으며 실적 향상을 바랄 수도 없다.

의욕을 가지고 일에 몰두하여 성과를 올리는 사람은 "상품지식이 부족해 제대로 판매할 수 없었다" "커뮤니케이션 능력이 과제다. 고객의

의욕이 있는 유형과 의욕이 없는 유형의 심리적 반응

요구나 기분을 파악하지 못했다" "요즘 컨디션이 좋지 않아서 집중력이 떨어졌다"와 같이 변동적인 내적조건을 탓하는 습관을 지니고 있다.

이처럼 인지유형이 의욕으로 연결되는 까닭은 뭘까? 그것은 다음과 같은 심리 메커니즘이 작용하기 때문이다.

실패를 노르마나 상품 혹은 상사나 시대상황이라는 외적조건 탓으로 돌리면 "나로서는 도저히 어떻게 할 수 없는 일"이라는 결론에 도달하게 되고, 그렇다면 특별히 의욕을 만들어내기가 어려워진다.

능력이 부족하다거나 적성에 맞지 않다는 등 내적이긴 하지만 고정적인 조건을 탓하는 경우에도 의욕으로 연결되지 않는다. 능력이나 적성 같은 것은 좀처럼 바뀌지 않기 때문이다. C씨와 같이 자신이 어쩔 수 없는 고정적인 내적조건을 탓한다면 결국 "내게는 무리다"라는 결론으로 연결되기 때문에 의욕이나 실적의 저하를 초래한다.

반면 노력부족이나 기술부족, 좋지 않은 컨디션 등의 변동적인 내적조건에서 원인을 찾으면, "좀 더 노력하면, 기술을 연마하면, 컨디션을 잘 조절해 집중력을 높이면 실적을 올릴 수 있을 거야"처럼 긍정적인 전망이 펼쳐지기 때문에 의욕이 높아진다.

이처럼 원인귀속의 유형은 의욕에 중요한 영향을 미칠 뿐 아니라 의식적으로 노력하지 않으면 쉽게 바뀌지 않는다. 원인귀속의 유형은 상당한 일관성을 유지하기 때문이다. 보통 대부분의 사람들은 어느 한 유형에 속하고 이 유형은 일정하게 유지되는 경향이 있다.

따라서 쉽게 낙담하고 의욕이 약하다는 생각이 드는 사람일수록 일이 진행이 잘될 때는 내적조건을 떠올리고, 일이 잘 풀리지 않을 때에는 변동적인 내적조건을 떠올리도록 유의해야 한다. 원인귀속의 유형을 적극적이고 과감하게 만들어감으로써 동기부여를 높일 수 있다.

일이 좀처럼 생각대로 되지 않는 곤란한 상황에서도 주저앉지 않고 동기부여를 유지할 뿐 아니라 한 발 더 나아가 "어떻게든 한다"며 의욕을 키우고 잠재능력을 발휘하는 방법은 이처럼 간단하다.

POINT
일이 잘 풀리지 않을 때일수록 의욕으로 이어지는 인지유형이 필요하다.

의욕과 일의 의미,
둘 다 잡는 계획표

 　　　　　　구체적인 계획이 있고 그것을 의식하면서 일을 진행하면 '지금 이 순간'이 긴장된다. 지금 이것을 하지 않으면 제시간에 끝내지 못한다거나 이번 주 안에 완성시켜놓지 않으면 나중에 힘들어진다는 것을 알기 때문이다.

 그날그날 처리해야 하는 업무량을 자각하지 못해서 '오늘 이것을 하지 않을 경우' 계획이 얼마나 지체되는지에 대한 감이 없으면 위기감이 없어지고, 안이한 생각을 갖기 쉽다. 이번주 중에 처리하지 않으면 안 되는 일이 아직도 많은데, "뭐, 괜찮겠지" "어떻게든 되겠지"라고 막연히 근거 없는 낙관을 하게 된다. 그러고는 친구나 동료의 유혹에 이끌려 매일같이 어울려 다니면서 해야 할 일을 다음으로 미룬다. 마지막 날이 되어 발등에 불이 떨어져서야 정신을 차리지만, 결국 제시간 안에 끝내지 못한다. 당연한 말이지만 이래서는 삶이 충실할 수 없다.

 따라서 계획을 세우는 것은 아주 중요하다. '지금 이 순간'을 긴장하게 만들어주고 의욕을 잃지 않게 해준다. 의욕과 계획성 사이에는 이처럼 밀접한 관계가 있다. 의욕이 있는 사람, 성과를 올리는 사람은 계획 세우기에 능하다.

계획을 세우는 것은 자신을 시간축상에 자리매김하는 일이기도 하다. 이것을 시간적 전망이라고 하는데, 심리학자 레빈에 따르면 **시간적 전망**이란 어떤 시점에서 개인이 심리학적 미래 및 과거를 어떻게 상상하는가를 말한다. 중요한 점은 시간적 전망을 가짐으로써 지금 해야 할 일을 명확히 의식하게 된다는 것이다. 어떤 면에서 일은 시간과의 승부다. 시간축상에서 자신을 컨트롤하는 습관을 익혀간다면 의욕이 배가되어 성과도 오르고 직장생활도 충실해진다.

계획에는 1주일·1개월 단위 등의 단기계획이 있고, 1년·5년·10년 단위 등 장기계획도 있다. 의욕을 높이고 유지하려면 단기계획과 장기계획 모두가 필요하다. 우선 단기계획부터 살펴보자.

부하직원이 나태해지는 경우 의욕을 갖게 하기 위해 능숙한 상사들이 자주 사용하는 방법이 주간계획표를 만들어 자기점검을 하게 하는 것이다. 1주일 동안 처리해야 하는 업무를 망라한 다음 5일 분량으로 배분케 한다. 그리고 매일 끝난 것을 점검케 한다. 이렇게 하면 일의 진행 정도를 파악하는 것은 물론, 미처 다하지 못하고 남은 일이 일목요연해진다. 남은 일이 쌓이면 지금의 속도로는 이번 주 노르마를 달성하기 어렵다는 것을 알게 되는 것이다.

막연하게 아직 여유가 있다고 생각하는 경우에도, 처리해야 하는 일을 1일 단위로 구체적으로 할당해보면 뜻밖에 궁지에 몰려 있을 수 있다. 사실 이런 일은 드물지 않다. 또 이 달 안으로 여기까지 진행하지 않으면 안 된다, 3개월 후에는 이 정도의 노르마를 처리해놓지 않으면 안 된다는 등 대충의 목표를 자각은 하고 있어도, 1일 단위의 노르마를 명확히 해두지 않으면 좀처럼 발동이 걸리지 않는다. 주간계획을 바탕으로 1일 단위로 일을 배분해놓지 않으면 아직 며칠이나 남았다는 안도감에 빠지기 일쑤다. "오늘 정도는 느긋해도 괜찮을 거야" "오늘은 아무래도 내키지 않으니까 내일 하자"라는 식으로 해야 할 일을 미루기 십상이다.

하지만 1주일 계획표를 만들어서 단기적 전망을 가지면 매일 업무가 얼마나 지체되고 있는지, 매일 어느 정도의 속도로 일을 처리해야 나중에 힘들어지지 않는지 알기 때문에, 일을 하는 둥 마는 둥 할 수는 없게 된다.

물론 아무리 구체적으로 계획을 세워도 예기치 못한 일이 갑자기 닥치기도 하고 다른 사람에게 맡긴 일이 생각대로 진행되지 않아 차질이 생기는 경우도 있다. 몸 상태가 좋지 않아 기분이 가라앉을 때도 있다. 그러므로 반드시 계획대로 처리하지 않으면 안 된다는 경직된 생각은 금물이다. 계획은 어디까지나 비즈니스 타임을 조여서 의욕을 키우기 위한 수단일 뿐이다. 예기치 못한 상황 때문에 처리하지 못한 부분은 어쩔 수 없다. 다음 주로 넘기면 된다.

■ 시간적 전망   심리학자 레빈의 정의에 따르면, 어떤 시점에서 개인이 심리학적 미래 및 과거를 어떻게 상상하고 있는가를 말한다.

계획표

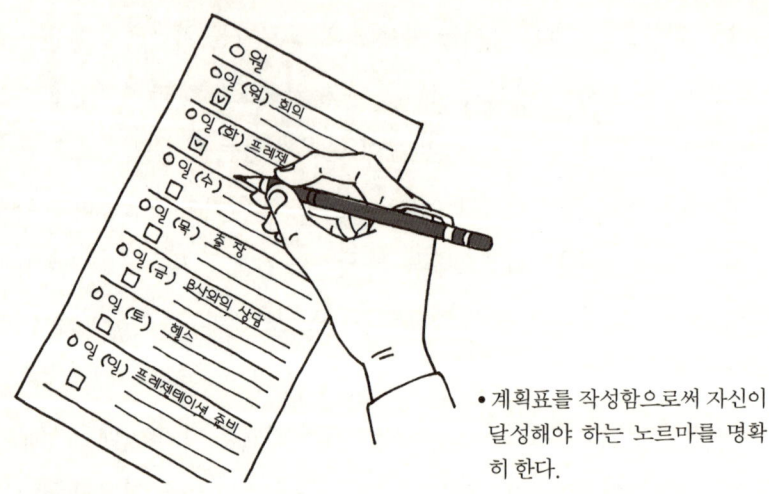

- 계획표를 작성함으로써 자신이 달성해야 하는 노르마를 명확히 한다.

단기계획만이 아니라 장기계획도 의욕에 큰 영향을 준다. 단기적인 시간적 전망만이라면 '오늘 해야 할 일'이나 '일의 진행정도'를 자각함으로써 자신을 몰아붙일 수는 있어도, '지금 하고 있는 일의 의의'나 '매일의 일이 인생에서 갖는 의미'를 자각할 수는 없다. 그러면 의욕도 좀처럼 솟지 않는다. 그래서 장기적인 시간적 전망 속에서 매일의 일을 자리매김하는 것이 필요하다.

내 집 마련이나 그것을 위한 대출방식 등에 관해서는 장기적인 시간적 전망을 갖는 사람도 업무에 있어서는 특별한 비전 없이 하루하루를 살아가는 경우가 많다. 하지만 '언제가 내 상점을 갖고 싶다' 혹은 '독립된 오피스를 갖고 싶다'는 등의 꿈을 갖고 있는 사람은 그러기 위해서는 어떤 준비가 필요한지, 지금 무엇을 해놓아야 하는지를 구체적으로 생

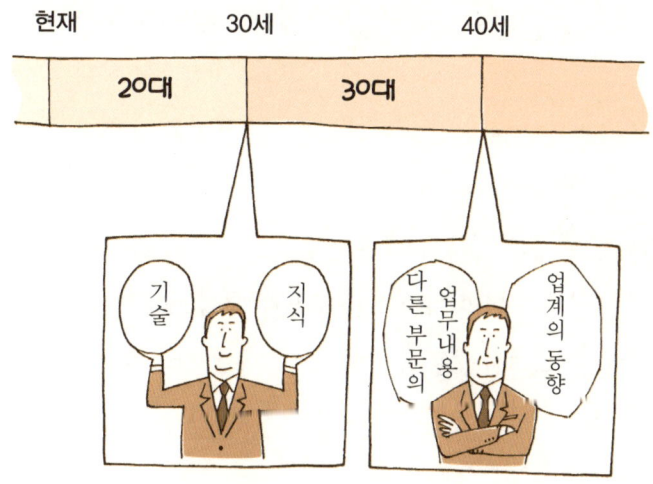

10년 후의 자신과 20년 후의 자신

각한다.

　식당 웨이터로 근무하는 E씨는 특별한 의욕도 없이 반복적인 일상을 보내다가, 어느 날 잡지를 읽으며 자극받아 '언젠가 나도 식당을 갖고 싶다'는 생각을 하게 되었다. 그러자 놀라운 일이 일어났다. 틀에 박힌 것처럼 타성에 젖어 하던 일의 의미가 갑자기 보이기 시작한 것이다. 어떤 손님이 어떤 것을 주문하는지 신경 쓰게 되었다. 음료수와 요리의 조합에도 관심이 갔다. 비용과 수익도 의식하게 되었고, 그에 따라 손님에 대한 배려나 판매화법을 연구하게 되었다. 이전에는 폐점시간에만 신경을 쓰며 시계를 자주 보았는데, 이제는 눈 깜짝할 사이에 폐점시간이 다가온다고 느끼게 되었다.

　자신의 가게를 갖는다는 것과 같은 장래 전망을 가진 사람은 소수일지도 모른다. 지금 다니는 회사에 계속 남아 있겠다고 생각하는 사람이 더 많을 것이다. 그렇다 하더라도 장기적인 전망은 중요하다. 그저 주어진 일을 수동적으로 하고 있으면 의욕적으로 몰입할 수 없다.

예를 들면, '30세까지는 우리 직종과 부문에 필요한 지식과 기술을 충분히 익혀 놓고 싶다' 혹은 '40세까지는 다른 부문의 업무내용이나 업계동향 등에 대해서도 널리 이해할 것이다' 등의 목표를 갖고 평소 자발적으로 공부한다. 그러한 능동적인 자세가 의욕을 만들어낸다.

단기목표로 의욕을 만들어내고, 장기목표로 일이 갖는 의미를 자각한다.

결과는 따라오는 것

"**열심히 하면** 반드시 보답을 받는다." 자주 듣는 상투적인 말이지만, 의미 있는 말이다. 그러나 보답이라는 것이 반드시 성과를 의미하지는 않는다. 열심히 하는 것으로 성과가 보장된다면 고생하는 사람은 아무도 없을 것이다.

필사적으로 영업을 했는데도 또 좋은 제품을 개발했는데도 팔리지 않는다거나, 좋은 아이디어와 뒷받침하는 사례에 대한 연구를 착실히 해서 기획서를 작성했는데도 채택되지 않거나, 아무리 노력해도 성과가 나오지 않아 고생하는 등의 일은 많은 비즈니스맨들이 경험하는 바이다.

그럼 어떻게 보답을 받을 것인가? 그것은 충실한 순간을 만들어낸다는 모습으로 드러난다. 심리학자 올포트는 인간에게는 서로 상반되는 동기, 즉 항상성의 동기와 **성장동기**가 있다고 설명한다. 항상성의 동기란 긴장의 완화나 평형안락과 안정을 구하는 것이고, 성장동기는 달성이 불가능하다고 생각되는 목표를 위해 긴장을 지속시키는 것이다. 우리가 일상적으로 말하는 '경쟁'이나 '의욕'은 성장동기로 움직이고 있을 때의 마음상태라고 할 수 있다.

일을 즐기는 사람은 일에 몰두하므로 충실감을 얻는다. 마쓰시타전기산업현 파나소닉을 창업하고 탁월한 경영수완으로 '경영의 신'이라고도 불리는 마쓰시타 고노스케는 《길을 열다》에서 다음과 같이 말한다.

> 일의 성패도 중요하지만, 그 성패를 뛰어넘어 마음속에 있는 최선을 다하는 것이 더욱 중요하다. 일의 성공과 실패는 다음 문제다. 일에 몰입하는 것이 중요하다. 일심불란一心不亂하게 되는 것이다. 그리고 후생대사後生大事로 이 일에 파고드는 것이다.

성과를 올리는 일도 물론 중요하지만 일에 몰두하는 것 자체에서 충실감이나 기쁨을 느낄 수 있으면 일을 즐기는 사람이 될 수 있다. 그러기 위해서는 결과지상주의에서 프로세스주의로 발상의 전환이 필요하다. 여기에서 주목할 점은 결과에 대한 과도한 집착을 버리고 프로세스에 집중하다 보면 결과적으로 성과가 오른다는 것이다. 프로세스에 대

■ 성장동기 긴장을 지속시키고 때로는 스스로 긴장을 만들어내도록 인간을 방향 짓는 동기. 인간은 긴장을 해소하는 방향으로 동기를 부여받는다는 견해에 맞서 인본주의 심리학자 매슬로가 그 중요성을 강조했다. 목표달성 후의 충족감은 오래 지속되지 않으며, 곧 새로운 과제나 목표에 몰두하는 것도 성장동기를 형성하는 방법이라고 할 수 있다.

한 집중이 일의 질에도 향상을 가져오고 그에 따라 좋은 결과를 낳기 때문이다.

　이것은 '모든 건 결과로 말한다'는 살벌한 규칙이 있는 스포츠 세계에도 적용된다. 1998년 여름 코시엔대회. 현재 메이저리그에서 활약하고 있는 마쓰자카 다이스케 투수를 거느린 요코하마 고등학교는 7회까지 0:6이던 준결승 경기에서 8회와 9회의 공격으로 7대 6 역전승을 거두었다. 그리고 그 기세로 우승을 했다. 선수 개개인이 큰 점수 차에 얽매이지 않고 '바로 지금'에 집중해 자신이 해야 하는 일, 할 수 있는 일을 착실히 처리하려는 자세가 가져온 대역전극이라고 할 수 있다. 점수 차에 얽매였더라면 이와 같은 집중력을 발휘할 수는 없었으리라.

　문호 ▪**모리 오가이**는 ≪청년≫에서 일본인은 '지금을 산다'라는 사실을 알지 못한다며 다음과 같이 지적했다.

　　대체 일본인은 '산다'라는 사실을 알고나 있을까? 초등학교의
　　문을 나가면서부터는 목숨을 걸고 이 학교시대를 앞질러 가
　　려고 한다. 그 앞에는 생활이 있다고 생각한다.
　　학교라는 곳을 떠나 일자리를 얻으면 그 직업을 끝까지 해내
　　려고 한다. 그 앞에는 생활이 있다고 생각한다. 그리고 그 앞

▪ 모리 오가이　1862~1922. 군의관이면서 수많은 소설, 평론, 희곡을 저술한 문호. 본명은 모리 리타로(森林太郞)이다. 대표작으로는 소설 ≪다카세부네高瀨舟≫, ≪인신매매 산쇼다유山椒大夫≫, ≪기러기雁≫ 등이 있고, 희곡 ≪이쿠타가와生田川≫ 등이 있다. 또 ≪파우스트≫를 번역하기도 했다.

에 생활은 없다. 현재는 과거와 미래 사이에 그어진 하나의 선이다. 이 선상에 생활이 없다면 생활은 어디에도 없다.

결과에 그다지 마음 쓰지 않고 프로세스를 충실하면서 프로세스에 사는 것, 이것이 중요하다. 예를 들면, 전력을 다해 영업방법을 궁리하고, 지혜를 짜내서 제품개발이나 기획입안에 집중한다. 그러한 자세가 충실한 시간을 가져오며, 그리고 결국에는 성과를 가져다준다.

POINT
결과에 집착하지 않고 프로세스에 집중하는 자세가 일을 즐겁게 만든다.

Section 5

자신을 알고
강점을 살리는 사람

나는 누구인가

　　　　　　누구나 자기답게 살고 싶다. 자기다움을 일에 활용하기를 원한다. 하지만 그 중요한 '자기다움'은 좀처럼 파악하기 어렵다. **■아이덴티티**라는 말을 들은 적이 있을 것이다. 정확히 말하면 자기의 아이덴티티ego-identity, self-identity인데, 이것은 '나는 누구인가?'라는 물음에 대한 답이다.

　　정신분석학자 에릭슨은 자기 아이덴티티를 분명하게 파악하는 것이 청년기의 가장 중요한 과제라고 말했다. 사춘기를 가리켜 '자아의 자각 시기'라고 말하는데, 이때 자기의식이 강해지고 동시에 다른 사람의 시선을 강하게 의식하게 된다. 그리고 "내 감수성은 왜 이렇게 남들과 다른 걸까? 내가 이상한 걸까? 남들에게 나는 어떤 모습으로 보일까?" 등

■아이덴티티　정신분석학자 에릭슨이 사용한 개념으로 동일성이라고 해석된다. 일반적으로 자기 아이덴티티(ego-identity, self-identity)라는 형식으로 사용되고, 자기라는 사실, 자기의 존재증명, 자기다움, 주체성을 의미한다.

의 물음이 고개를 든다. 다른 사람의 시선이 신경쓰임과 동시에 미래에도 신경이 쓰인다. "나는 장래에 무엇이 되고 싶은 걸까?"라고 막연히 생각하거나 "나는 장래에 무엇이 될 수 있을까?"라는 불안이 몰려오기도 한다. 이러한 일련의 의문이 자기 아이덴티티를 둘러싼 물음이다.

청년기를 통해 자기 아이덴티티를 파악한 사람은 그에 걸맞은 사회적 역할을 몸에 두르고 사회로 나간다. 하지만 사회가 풍요로워지고 자유로워지고 변동이 심해지면서 자기 아이덴티티를 좀처럼 파악하기 어려운 시대가 되었다. 사회에 듬직하게 뿌리를 내리지 못하고 아르바이트나 파트타임으로 생활을 유지하는 젊은이, 소위 프리터가 늘어나는 배경에도 자기 아이덴티티와 사회상황의 불일치가 작용하는 면이 있다. "자기답게 살고 싶다" "자기다움을 일에 활용하고 싶다"는 생각이 강해 착지점을 찾지 못하는 것이다.

하지만 아이덴티티는 청소년기나 청년기에 국한되는 문제가 아니다. 다음 페이지에 소개하는 것은 필자가 카운슬링한 대학생들의 말이다. 대학이나 학교를 '회사'로, 대학생을 '회사원'으로, 수업을 '일'로, 자퇴를 '전직'으로 바꾸어 읽으면, 청년기를 사는 학생에 한정되지 않고 성인기를 사는 회사원에게도 충분히 있을 수 있는 심리임을 이해할 수 있다.

사회로 나아가는 청년기에는 "어떤 사회적 역할을 몸에 두르고 사회로 나갈까?"라는 물음이 절실한 시기이다. 아이덴티티를 둘러싼 이런 물음이 활성화하기 쉬운 청년기의 마지막 시기를 심리학자 대니얼 레빈슨Daniel J. Levinson은 '성인기로의 과도기'라고 이름 붙였다. 성인기로의

아이덴티티를 둘러싸고 고민하고 방황하는 2가지 사례

사례1

> 아무 생각 없이 그저 반사적으로 살고 있는 순간이 많지만, 가끔 혼자서 자신과 마주할 때 이런 방향성이 보이지 않는 생활이 언제까지 계속될까 하고 문득 불안해집니다. …… 사람들과 어울려 있을 때에는 즐겁게 놀면서 살아가는 가벼운 대학생으로 보이겠지만, 혼자가 되면 굉장한 중압감을 느끼는 순간이 닥치곤 합니다.

사례2

> 수업을 들어도 무엇 때문에 하고 있는지 모릅니다. 내가 나아가고 있다는 느낌이 들지 않습니다. 타성에 젖은 채 그냥 학교에 다니고는 있지만, 의미가 없습니다. 차라리 단단히 마음먹고 퇴학해서 일하는 쪽이 더 충실할 수 있다는 생각이 들지만, 그런 결심을 하는 것이 쉬운 일은 아니죠.

《참다운 나를 만드는 방법》 중에서

과도기는 17세쯤에 시작해서 22세경에 끝난다고 한다. 하지만 오늘날 수명이 늘어남에 따라서 어른이 되는 연령도 상승해 성인기로의 과도기는 30세 정도까지 계속된다고 봐야 할 것이다.

또한 레빈슨은 인생의 반환지점에 **인생중반의 과도기**를 설정하고 있다. 많은 사람은 인생의 반환지점에서 막연하게나마 자신의 인생을 되묻게 된다. 레빈슨은 이 시기를 40세에서 45세에 걸친 시기로 보는데, 수명이나 정년의 연장을 고려하면 40대에서 50대에 걸친 시기로 봐야 할 것이다.

이 시기가 되면, "지금까지의 인생에서 나는 무엇을 하고 있었던 것일까?" "이대로 괜찮은 걸까?"라며 자문하게 된다. "더 이상 지금처럼 할 수는 없다" "생활을 바꾸려면 지금 해야 한다"라는 초조한 마음이 든다. 그리고 "젊었을 때 내버려두고 온 것은 무엇일까?" "어떻게 하면 내 나름대로 납득할 수 있는 인생이 될까?" 등의 의문과 마주하게 된다.

예전에는 아이덴티티를 둘러싼 물음은 청년기 특유의 것이라고 이해되었다. 어른이 되어 일을 갖게 되면 사람은 안정된다. 따라서 성인기는 심리적으로 안정된 시기라고 생각되었다. 그런데 소진 증후군burnout syndrome, 상승정지 증후군, 빈 둥지 증후군 등의 성인기 중반의 위기적인 심리가 '중년기의 위기'라는 문제로 부각되고 있다. 어른이 되어도 아이덴티티를 둘러싼 물음으로 고민하는 경우가 있다는 것이다.

■**소진 증후군**이란 오로지 일 하나로만 살아온 사람이 어느 날 갑자기 마치 연료가 다 타버린 것처럼 일에 대한 의욕을 잃어버리는 상태를 말

■인생중반의 과도기   생활사적 연구를 행한 심리학자 레빈슨이 인생의 반환지점에 설정한 인생의 방황과 재구축의 시기. 일반적으로 중년기의 위기라고 불리는 것에 해당한다. 이 시기에 이르면 '나의 인생, 이대로 좋은 걸까'라는 의문이 마음 깊숙한 곳에서 들려오게 된다.

■소진 증후군   모든 것을 희생하면서 일 하나로 살아온 사람이 마치 연료가 다 타버린 듯이 일에 대한 의욕을 급속도로 잃어가는 상태.

한다. 소진 증후군에 빠지기 쉬운 사람은 정력적이며 부지런하며 완전벽이 강하고 융통성이 통하지 않으며 선입견이 심하고 자신감 과잉이 되기 쉬운 유형이다.

이 유형의 사람들은 일에 지나치게 열중한다. 그래서 이들에게는 일 이외에는 보이지 않는다. 출퇴근할 때에도 집으로 돌아가서도 일이 머리에서 떠나지 않고 휴일에도 일만 생각해서 마음 편히 쉬지 못한다. 친구들이나 가족과의 단란한 시간도 온전히 즐길 수 없다. 만약 당신에게 이런 증후가 보이면 주의해야 한다. 그와 같은 상태일 때 업무상 좌절을 당하면 단번에 탈진해버리기 쉽다.

이런 유형의 사람들은 평소 업무 이외의 시간도 마음의 여유를 갖고 즐기는 것이 무엇보다 중요하다. 사적 생활이 충실하지 못하면 업무상의 좌절이 치명적인 것이 되어 덮쳐오기 시작한다.

■**상승정지 증후군**이란 중년기에 들면서 수입 및 지위 등의 상승이 멈추고 하강하기 시작할 때의 상태를 말한다. 성인이 되어 일을 시작한 이후 일정기간 동안에는 수입이 늘고 지위가 상승하는 등 모든 면에서 상승기류를 타게 된다. 그러나 중년기에 접어들면서 상승이 정지하고 머지않아 하강선을 타기 시작한다. 상승정지 증후군은 이처럼 자신의 한계나 연령적인 제약을 뼈저리게 느낄 때 빠지는 상태이다. 터전이 갑자기 무너져내리는 듯한 감각이 덮쳐오고 모든 것이 허무하게 느껴진다.

■ 상승정지 증후군   나이가 들면서 연봉과 지위가 올라간다는 상승의 기세가 없어져서, 능력의 한계, 체력과 기력의 쇠퇴를 느끼게 되어 터전이 무너지는 듯한 불안과 앞날에 대한 허무함에 휩싸이는 상태.

 직장에서 좌천되거나 한직으로 내몰리거나 지사 혹은 타사로 파견되거나 동료와 차이가 벌어지거나 몸에 이상이 생기는 등 뚜렷한 계기로 좌절하는 경우도 있지만, 더 이상의 상승을 바랄 수 없다고 느낀 때나 오랜 세월 추구해온 목표를 달성해버린 때 빠지는 경우도 있다.
 상승정지는 사실 누구나 겪는 일이고 받아들여야 하는 일이다. 따라서 어떻게 하면 자신의 인생이 풍요로워질지를 검토하면서 인생의 후반을 위한 라이프스타일을 다시 만들어 세울 필요가 있다. 그것을 잘하지 못하면 박탈감이나 우울에서 벗어나지 못해 타성에 젖은 채 직장에 다니고, 하는 일 없이 나날을 보내게 된다.
 빈 둥지 증후군이란 육아와 남편의 뒷바라지 등 가족을 위해 헌신적으로 일하고 그것을 삶의 방식으로 삼았던 주부가 빠지기 쉬운 상태이다. 자식이 자립하기 시작하면서 갑자기 모든 것을 공허하게 생각되고 우울한 기분에 빠져드는 것이다.

자식이 성장해 품안을 떠나면서 지금까지 자식을 돌보고 성장을 지켜보면서 가꾸어온 가정이라는 둥지가 빈 둥지가 되고, 거기에 자신밖에 없음을 느낀다. 남편이 일에 빠져서 직장을 거처로 삼고 가정을 돌보지 않는 경우에는 더 심각한 사태에 빠지기 쉽다. 자식이 떠나는 데에 따르는 **분리불안**이 닥칠 수도 있다. 이것을 방지하기 위해 육아나 남편의 뒷바라지 이외에도 역할을 갖도록 하고, 다른 사람과의 교류를 확대해 네트워크를 구축해두는 것이 중요하다.

청년기의 끝자락뿐만 아니라 인생의 고비마다 '나는 누구인가?'라는 질문을 둘러싸고 고민하게 된다. 그것은 자기다운 삶의 방식을 구축해가기 위해 매우 중요한 마음의 작업이라고 할 수 있다.

- **빈 둥지 증후군** 오로지 자녀와 남편을 위해 헌신적으로 가사·육아를 담당해온 주부가 아이에게 자립의 조짐이 보이면서 어머니로서의 자신의 존재가치가 희박해져간다고 느낄 때, 모든 것을 공허하게 생각하고 우울한 기분에 빠지는 상태.
- **분리불안** 원래는 유아가 엄마 등 애착의 대상으로부터 떨어질 때 느끼는 불안을 가리킨다. 그러나 자식의 자립을 둘러싸고 부모와 느끼는 감정에 적용시키기도 한다.

중년기의 적절한 방향전환이 자기다운 인생을 만드는 열쇠다.

참된 자신을 찾아

'**참다운 나**'는 인간관계 가운데에서 만들어진다. 그런데 자기다운 삶의 방식이 허용되는 자유로운 시대에, 일정한 직업을 찾지 못하고 방황하는 사람이 오히려 늘고 있다. "어떤 일이 내게 적합한지 모르겠다" "내가 대체 어떤 삶의 방식으로 살고 싶은지 나도 모르겠다"며 취직을 다음으로 미루는 사람, 일단 일은 하지만 정말 하고 싶은 일을 찾을 때까지 프리터로 생활하는 사람이 늘고 있다.

이처럼 자신을 잘 알지 못하는 상태를 ■**아이덴티티 확산**이라고 한다. 아이러니하게도 자유도가 높아지자 아이덴티티의 확산에 빠지는 사람도 늘어났다. 몇몇 세트메뉴밖에 없는 식당에서는 망설일 여지도 없지만,

---

■ 아이덴티티 확산 이것이 바로 나라고 말할 수 있는 삶의 방식을 찾지 못하고, 여러 가지 되고 싶은 자신 혹은 될 수 있을 듯한 자신을 앞에 두고 어떻게 하면 좋을지 알지 못하거나, 아무것도 할 수 없을 것 같은 절박감에 괴로워하는 등 자기를 잃은 상태를 말한다.

메뉴가 풍부하여 자유롭게 조합할 수 있는 카페테리아 형식의 식당에서는 어떤 식으로 메뉴를 조합할지 고민하는 것과 마찬가지다.

가업의 계승을 당연시하던 시대에는 농사짓는 부모 아래 자란 자식은 별 고민 없이 농사를 지었다. 가업이 빵가게라면 빵가게를 하는 데 주저함이 없었다. 당연한 것처럼 받아들였다. 그때는 어떻게 발전시킬 것이가를 두고 머리를 싸매는 경우는 있어도 무엇을 할지를 고민하는 경우는 드물었다. 그런 시대라면 아이덴티티 확산이 될 일은 없을 것이다.

직업 선택이 정말로 자유로워진 현대는 어떨까? "내 자식을 속박하고 싶지 않다"는 뜻에서 가업을 물려주려는 부모는 거의 없다. 가게를 물려주기보다 안정된 회사에 근무하게 하고 싶다는 부모도 적지 않다. 게다가 노동자의 80% 이상이 샐러리맨인 시대이므로 애초에 가업이 없는 집이 대부분이다.

무엇이 되든 상관없다는 상황에 놓이면 "그럼 무엇이 되면 좋을까"를 두고 고민하고 방황하게 된다. 몇 가지 '될 수 있을지도 모르는 자신'의 가능성을 앞에 두고 움직이지 못한다. 그것이 아이덴티티 확산이다.

학생도 아니고 직장인도 아니면서 그렇다고 직업훈련을 받는 것도 구직활동을 하는 것도 아닌 니트NEET처럼 취직을 못하는 사람이나 프리터와 같이 아르바이트만 하는 사람만이 아니라 정사원으로서 일하고 있는 사람 중에도 아이덴티티 확산의 심리가 만연해 있다.

"일단 벌지 않으면 안 되니까 취직은 했지만 지금 일이 정말 하고 싶은 일은 아니다."

"난 이런 데 있을 사람이 아니다. 언젠가 내게 맞는 일을 하고 싶다."

이렇게 생각하면서도 자신이 대체 무엇을 하고 싶은지, 어떤 일에 적합한지조차 모른다. 지금의 일이나 직장을 받아들인 상태가 아니므로 일에 몰두할 수가 없고 무기력하게 지내기 쉽다.

발달심리학자 에릭슨에 따르면, 아이덴티티 확산 경향이 있는 사람에게 몇 가지 징후가 나타나는데, 시간적 전망의 확산, ■**동일성 의식의 과잉**, 근면성 확산, 친밀성 회피 등이다.

시간적 전망의 확산이란 "이젠 안 된다" 혹은 "아무리 해도 안 된다"는 절박감이 있어 시간이 경과하면 일이 호전되리라는 희망을 가질 수 없

■ **동일성 의식의 과잉** 자기 자신이 갖고 있는 자기 이미지와 남들이 갖고 있는 이미지의 차이를 신경 쓰거나 남들에게 어떻게 보이는가를 필요 이상으로 신경 쓰는 심리상태. 자기다움을 갖지 못하고 자신이 없기 때문에 다른 사람의 시선이 신경 쓰여 어쩔 줄 모른다.

는 상태를 가리킨다. 동일성 의식의 과잉이란 "내가 남들한테 어떻게 보이는가"에 몹시 신경이 쓰여 지나치게 타인의 시선을 의식하는 상태를 말한다.

근면성 확산이란 과잉독서처럼 한 방면의 활동에 자기 파괴적으로 몰두하여 본래 해야 하는 일이나 공부에 집중하지 못하는, 그래서 결국 일로부터 달아나는 상태를 가리킨다. 친밀성 회피란 남들과 거리를 두는 방법을 몰라 상대에게 압도되고 자신이 무너져버릴까 두려워하며 친밀한 관계를 거부하는 상태를 말한다. 이 경우 일정한 거리를 둔 형식적인 교제로 시종일관하거나 심한 경우에는 모든 접촉을 끊고 틀어박혀 지내는 상태가 되기도 한다.

아이덴티티의 확산이 만연한 시대적 배경으로서 자유도의 상승에 더하여 인간적으로 깊은 관계가 부족해진 점을 들 수 있다. 필자가 대학원에서 임상심리학을 배우면서 카운슬링을 시작했을 때, 미국에서는 카운슬링이 성행해서 단골 카운슬러나 정신과의사가 있는 것이 사회적 지위를 나타내는 것이기도 했지만, 일본에서는 유행하지 않을 것이라는 전망이 일반적이었다.

그 이유는 미국은 사람과 사람이 격리된 고독한 사회이므로 속마음을 털어놓을 상대로 카운슬러가 필요할지 모르지만, 일본에서는 직장동료와 유사가족적인 관계에 있거나 술을 마시며 속마음을 서로 터놓는 상대가 있어 카운슬러가 필요하지 않다는 것이었다. 하지만 지금은 일본에서도 카운슬링이 크게 유행하고 있다.

아이덴티티 확산에 빠지면

이처럼 카운슬링을 받고자 하는 사람이 늘고 있는 배경은 스스로 카운슬러를 찾아가 도움을 받는 '고민하는 젊은이들'이 많아졌기 때문이다. 또 한편으로 고등학생들이 장래 희망하는 직업 가운데 심리학자나 카운슬러가 상위에 랭킹하고 있는 것도, 그만큼 사람과 사람이 격리된 고독한 사회가 되었다는 것을 보여준다.

요즘 사람들은 분위기를 재빨리 캐치하고 유머 있는 사람을 선호한다. 그리고 상대가 그런 사람이기를 기대한다. 그 기대가 지나쳐 분위기를 못 읽는 사람이라는 뜻으로 ▪KY라는 말이 유행하기도 한다. 자칫 그 자리에 걸맞지 않은 속마음을 발설하거나 분위기를 무겁게 하면 사

Section 5 ▪ 자신을 알고 강점을 살리는 사람 133

람들은 어이없어한다. 비난을 하기도 한다. 개그 프로그램이 유행하는 것도 그 때문이다. 우수개소리를 하면 분위기가 무거워지지 않는다. 또 캐릭터라는 말도 자주 사용된다. 주변의 모든 사람이 자신을 어떤 캐릭터로 생각하는지가 중요해서 그 기대를 저버리지 않도록 그 캐릭터를 연기한다.

이처럼 가볍고 자기 기만적인 관계방식이 지배하는 시대에는 속마음을 보일 수가 없다. 속마음의 교류가 없으면 스스로를 제대로 아는 것도 힘들어진다. 필자는 '다른 사람이 무섭다, 나를 알 수 없다'는 테마로 강연이나 세미나를 해왔다. 많은 사람들이 깊이 공감해주었는데, 그만큼 인간관계에 서툴고 그와 동시에 자기 자신을 알지 못하는 사람이 많다는 뜻이다.

우리는 속마음을 터놓는 깊은 인간관계 속에서 스스로를 깊게 이해할 수 있다. 진지한 연애를 함으로써 뜻밖이지만 진정한 자신을 발견한다. 친한 친구와 진지하게 이야기하는 가운데 자신이 무엇을 생각하고 무엇을 추구하는지 확실하게 볼 수 있다.

그런데 친구관계에서도 분위기를 무겁게 만들지 않도록 마음을 써야

■ KY 분위기를 파악하지 못한다는 뜻. 공기(일본어 발음 kuuki)의 K, 읽지 못한다(일본어 발음 yomenai)의 Y를 조합해서 KY라고 한다. 장소에 적절하지 않은 발언을 하는 등 그 자리의 분위기에 맞추지 못하는 사람을 일컫는다.

■ 심리적 거리 심리적으로 얼마만큼 가까운 관계에 있는가를 심리적 거리라고 한다. 물리적 거리는 자로 측정하지만 심리적 거리는 서로를 아는 정도나 배려의 유무 등으로 측정할 수 있다.

만 하는 시대가 되었다. 서로의 사적인 부분에는 개입하지 않는다. 무거워지지 않고 즐겁게 이야기할 수 있도록 표면적인 대화로 일관한다. 타인과의 *심리적 거리*가 상당히 멀어지는 건 당연하다. 친구라고 하지만 먼 존재가 된다.

이런 시대에 "다른 사람이 무섭다, 나를 알 수 없다"라는 심리가 널리 퍼지는 것은 당연하다고 하겠다. 속마음을 서로 털어놓고 깊게 관계하는 경험이 부족하기 때문에, 타인을 잘 알지 못할 뿐 아니라 스스로 정체를 알 수 없는 존재가 되고 있는 것이다. 따라서 다른 사람들과 만나는 것이 불안하다거나 어떻게 관계하면 좋을지 무엇을 이야기하면 좋을지 모른다거나 또는 어떻게 보일지 신경이 쓰이는 등 대인불안심리가 강해지고 틀어박히는 심리가 확대되고 있다. 그리고 그것과 병행해 자신을 알 수 없다는 심리가 확대되는 것이다.

다른 사람과 깊게 관계하는 것과 자신을 아는 것은 밀접하게 관계되

- 거울은 나의 모습을 비춰낸다.
- 타인을 통해 나를 알 수 있다.

거울자아

어 있다. 사회학자 쿨리C. H. Cooley는 **거울자아**looking-glass self라는 개념을 제기했는데, 사람들이 나를 어떻게 보느냐에 따라서 내가 만들어진다는 것이다. 이 거울자아라는 개념은 자기인지自己認知가 타인과의 교류를 통해 생겨난다는 사실에 주목하게 만들었다.

우리는 '나는 이런 사람이다'라는 막연한 자기인식을 갖고 있다. 그것은 지금까지 남들이 들려준 말이나 보여준 태도를 바탕으로 만들어진 이미지이다. 우리는 다른 사람을 거울로 해서 자신을 비춰낸다. 속마음의 교류가 부족하다는 것은 자신의 진실한 모습을 비춰주는 거울이 없음을 뜻한다. 자신을 알기 위해서는 진심으로 대화할 수 있는 환경을 갖는 것이 필요하다.

■ 거울자아 거울에 비추지 않으면 자신의 얼굴을 알 수 없듯이 다른 사람을 거울로 삼지 않으면 자기를 알 수 없다. 이처럼 관계를 통해 파악되는 자신을 거울자아라고 한다. 자기의 사회성을 강조한 사회학자 찰스 쿨리가 제기한 개념이다.

POINT
남을 인식한 캐릭터 연기를 그만두면 비로소 참된 자신의 모습을 보게 된다.

강점을 찾아 스스로 칭찬하라

업무에서 성과를 올리고 싶다면 자기에게 적합한 일을 자신 있는 방식으로 하는 것이 중요하다. 그러면 최대한의 힘을 발휘하게 된다. 자기에게 적합하지 않은 일을 서툰 방식으로 한다면 최선을 다해도 잘될 리 없다. 당연한 일이다.

그런데 많은 사람들이 자신에게 적합한 일이 무엇인지 모른다. 어떤 일에 자신 있는지, 어떤 방식으로 할 때 잘되는 경향이 있는지도 모른다. 이것은 다른 말로 자신의 강점을 모른다는 것이다. 아이덴티티가 확산되기 쉬운 시대상황이 자신의 강점을 모른다는 사실에도 연결되어 있다.

'경영의 아버지'로 불리는 피터 드러커 peter F. Drucker도 ≪THE EFFECTIVE EXECUTIVE IN ACTION≫에서 이렇게 말한다.

"누구나 자신의 강점을 잘 알고 있다고 생각한다. 그러나 대부분은 착각이다. 알고 있는 것은 고작 약점에 대해서일 뿐이다."

확실히 약점이 강점보다 알기 쉽다. 일이나 공부, 인간관계에서도 실패할 때마다 자신의 약점을 뼈저리게 알게 된다.

누구에게나 반복되는 패턴이 있다. 시간적 전망이 약해서 시험대비 공부를 항상 시간 내에 끝내지 못하는 사람은 취직하고 나서도 같은 실패를 반복한다. 지레짐작하여 실수하거나 의견이 눈에 띄게 엇갈려 상사에게 자주 주의를 받는 사람이 고객과의 커뮤니케이션에서도 같은 실패를 한다.

실패는 호된 상황으로 이어지기 때문에 확실히 기억에 남는다. 그리고 스스로 같은 실패 패턴을 반복하고 있다고 자각은 한다. 하지만 고쳐지지 않는다. 그것이 약점의 특성이다.

드러커는 같은 책에서 이렇게 언급한다.

> 평균 이하의 능력을 향상시키기 위해 쓸데없이 시간을 사용해서는 안 된다. 강점에 집중해서 몰두해야 한다. 무능을 보통 수준으로 만드는 데는 일류를 초일류로 만드는 것보다도 훨씬 더 많은 에너지가 필요하다.

자신의 약점을 없애는 것은 거의 불가능하다고 할 정도로 어렵다. 물론 약점으로 인한 손해를 최소화하기 위한 궁리는 필요하지만, 서툰 것은 역시 서툴 뿐이다. 서툰 능력에만 정신을 빼앗기고 있으면 마음이 위축된다. 그것보다도 자신 있는 능력에 눈을 돌려야 한다. 드러커는 다음과 같이 조언한다.

"무엇인가 이루어낼 수 있는 것은 약점이 아니라 강점이다."
"자신의 강점을 파악하여 활용할 준비를 하고 있는 사람만이 기회를 잡을 수 있다."
"자신의 강점을 알면서 성실하게 일하는 사람만이 최고의 커리어를 손에 넣을 수 있다."

드러커는 서툴다는 의식이 마음을 위축시키고, 잘한다는 의식이 마음을 자유롭게 만드는 심리효과를 직관적으로 파악하고 있다. 잘하는 마음이 능력이나 기술을 더욱 향상시키며 성공확률도 높인다. 마이너스를 제로로 해봤자 큰 무기가 되지 못하지만, 잘하는 점을 한층 더 키우는 것은 비교적 쉬울 뿐 아니라 동기부여도 높아지고 무엇보다도 성과를 낳는 무기가 된다.

그렇다면 이제 자신의 강점을 확실하게 자각하는 것이 중요함을 이해했다고 하자. 하지만 그랬다 하더라도 "당신은 무엇을 잘합니까? 당신의 강점은 무엇입니까?"라는 질문을 받으면 보통은 제대로 대답하지 못한다.

장인 기질이 있는 J씨는 사내에서는 상당한 신뢰감을 얻고 있다. 또 상품지식이 풍부하고 정확해서 거래처에 상품설명을 해야 하는 경우 J씨가 추천받는 일이 많다. 또 익숙한 고객들은 J씨를 자주 부른다. 하지만 첫 대면하는 고객들의 평판은 몹시 나쁘다. 다른 사람을 보내달라고 요구하는 경우도 한두

번이 아니었다.

J씨는 그 이유를 잘 알고 있다. 자신은 분위기를 읽지 못하고 잡담을 못 하며 상대의 기분도 잘 파악하지 못한다고 한탄한다. 일을 하더라도 자신은 까다롭고 따지기를 좋아하여 유연성이 없음을 절실히 느낀다고 한다. 그래서 일에 자신감을 잃고 있다.

J씨가 말하는 자신의 특징은 어떤 의미에서는 대부분 맞는 말이다. 그런데 가장 중요한 것, 자신이 무엇을 잘하는지는 전혀 눈치 채지 못하고 있다는 것이다. 분위기를 읽지 못하고 잡담을 못 하기 때문에 첫 대면 고객과의 교류가 어렵다. 그럼 왜 사내에서는 신뢰감을 얻고 익숙한 고객들은 그를 찾는가? 그 부분을 곰곰이 돌아보면 강점이 보인다.

J씨가 스스로 까다롭고 따지기를 좋아하며 유연성이 없다고 부정적으로 파악하고 있는 특징은, 강점을 찾는 눈으로 보면 치밀하고 논리적이며 흔들림 없는 정확성이 있어서 신뢰할 수 있다고 긍정적으로 파악될 수도 있다. 같은 성질도 약점을 찾는 눈에는 결점으로 비치며 강점을 찾는 눈에는 장점으로 비친다.

특히 동양적 정서에서는 자신의 강점을 말로 표현하는 경우가 극히 드물다. 겸허함을 중요시하며 겸손을 미덕으로 여기기 때문에 자신이 못하는 일이나 자신이 상당히 열등하다는 것을 언급하는 경우는 많지만, 자신의 강점을 말하는 경우는 거의 없다. 강점을 말하면 자만하는 자로 생각될지도 모른다. 이런 사회·문화적 분위기 탓인지, 서툰 점,

약점이 될 수도, 강점이 될 수도 있는 성질

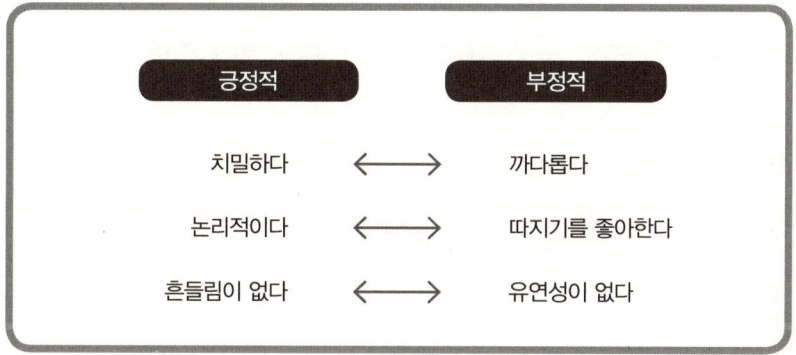

 부족한 점, 미숙하다고 생각하는 점 등 약점은 얼마든지 말할 수가 있어도 강점은 구체적으로 떠오르지 않는다는 사람이 적지 않다.
 자신이 가진 힘을 충분히 발휘하려면, 자신의 강점을 알고 그것을 활용해 특별히 잘하는 방식으로 배우고, 자신에게 맞는 방식으로 일하는 것이 중요하다. 그러기 위해서는 무엇보다 먼저 자신의 강점을 알 필요가 있다.
 우선은 지금까지 잘되었던 경험을 되돌아보자. 어떤 일이 잘되는 경우가 많았는가? 어떤 때에 잘되었는가? 어떤 방식으로 하면 잘되었는가? 다른 사람보다 자신이 더 잘할 수 있는 일은 무엇인가? 그런 관점에서 지금까지를 되돌아보면 자신의 특별한 점이나 자신에게 적합한 일의 방식이 보이게 된다.
 나아가서는 앞에서 소개한 쿨리의 거울자아라는 사고방식이 여기에서도 도움이 된다. 사람들로부터 들은 말을 생각해내는 것이다. 특히 칭찬에 주목해야 한다. 어떤 칭찬을 받았는가? 부모나 교사, 상사, 친구 등 주위 사람을 놀라게 했던 적은 없었는가? 자문해보는 것이다.

POINT
잘되었던 경험을 되돌아보면 자신의 강점을 보게 된다.

나를 어떻게 평가할 것인가

　　　　　　　　　일에서 자신의 강점을 활용하는 사람은 자기 컨트롤이 가능한 사람이다. 자신이 스스로의 관리인이 되는 것이다. 스스로 자신의 능력이나 성격을 마음대로 다룰 수 있다면 비즈니스에서나 개인적인 일에서나 기대하는 만큼 성과를 올릴 수 있다. 여기에서 중요한 것은 자신을 움직이는 컨트롤러를 자신이 쥐어야 한다는 것이다. 다른 사람의 평가에 일희일비하면 자신의 강점을 활용할 수 없다.

　　물론 상사나 동료 혹은 부하의 평가는 중요하다. 그러나 남들의 평가에 조종당해서 다른 사람의 안색이나 살피는 자세로는 자신의 강점을 알아낼 수 없다. 강점을 모른다면 당연히 그것을 활용할 수도 없다. 더욱이 애초에 그런 자세 자체가 적절하지 않다. 스스로도 적절치 않다고 생각할 테니까 자신감을 갖지 못한다. 그래서 건전한 **자기평가 시스템**을 확립하는 것이 꼭 필요하다.

　　누구나 끊임없이 자신을 평가하고 있다. "잘할 수 있을지 어떨지 불안하다" "아직 이 일에 익숙하지 않아서 아무래도 자신이 없다" 등의 불안 심리도 자기평가의 표현이라고 할 수 있다. 이처럼 자기평가에는 여러 가지 형태가 있다. 따라서 우선 자기평가의 메커니즘을 찾아보자. 자기평가는 주로 다음 3가지를 기준으로 이루어진다.

① 타인의 평가

일상생활 속에서 다른 사람의 태도나 그들에게서 들은 말이 첫 번째 기준이다. 상사로부터 "자네 영업능력이 대단하군. 다시 봤어"라는 말을 듣기라도 하면 기분이 좋아서 그날 하루 종일 행복한 마음으로 보낼 수 있다. 동기부여도 단번에 오른다. 반대로, "최근에 자네 매출이 주춤거리고 있어. 분발해야겠어"라는 말을 들으면 기분이 가라앉고 초조함과 동요로 그날 하루가 공허해지기 십상이다.

타인의 평가는 무시할 수 없다. 거기에는 자기개선을 위한 암시가 숨어 있다. 그러나 그에 일희일비해서는 자기다움을 키워서 활용할 수 없다. 타인의 평가는 참고하면서 자신의 평가기준을 가질 필요가 있다.

② 타인과의 비교

두 번째 기준은 타인과의 비교이다. 역시 어렸을 때부터 우리가 늘 해

■ 자기평가 시스템 자기평가 시스템을 확립하기 위해 가장 중요한 점은 자기평가의 기준이다. 다른 사람의 평가, 다른 사람과의 비교, 이상적인 자기와의 비교 등이 기준이 될 수 있는데, 다른 사람을 기준으로 하는 한 환경에 휘둘리기 십상이다. 상사가 바뀌면 주어지는 평가도 바뀌고, 동료가 바뀌면 비교기준도 바뀐다.

자기평가의 3가지 기준

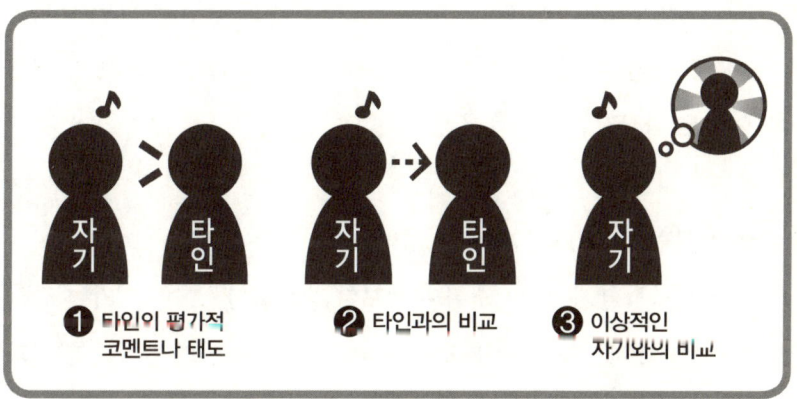

오던 일이다. 일을 잘하는 동료가 있으면 "굉장해"라고 칭찬하면서 한편으론 "내게는 무리야, 도저히 당해낼 수 없어"라는 자기평가적인 마음도 생겨난다. 반대로, 주변에 일을 잘하지 못하는 사람이 많으면 "이 부서에는 일을 잘할 수 있는 사람이 별로 없어"라는 식의 평가에 더해서, "이런 상황이라면 내가 꽤 활약할 수 있을 것 같다"는 상대적 자기평가에서 비롯된 의욕이 생겨난다.

"남의 일에 너무 신경 쓰지 말라." 자주 듣는 말이다. 말은 그렇게 하지만 주변에 능력 있는 사람이 있으면 마음이 흔들리고 불안해지기도 한다. 반면 능력 없는 사람만 있으면 자신이 생기고 마음이 편해진다. 그것은 누구나 공통적으로 갖는 일반적인 인간심리다.

하지만 그러한 일반적인 심리를 극복하지 못하면 자기다운 비즈니스 라이프를 손에 넣을 수 없다. 일을 잘하는 사람, 자신을 잘 활용하는 사람은 필요 이상으로 남에게 좌우되지 않는 강점을 가지고 있다. 타인의 평가나 타인과의 비교도 어느 정도 목표가 되기도 하지만, 그것에 휘둘리는 경우는 없다. 왜냐하면 자기 나름의 평가기술을 가지고 있기 때문이다. 바로 이상적인 자기와의 비교이다.

③ 이상적인 자기와의 비교
"스스로 납득할 수 있는 것이 무엇보다 중요하다." 이런 생각이 강하게 작용할 때, 자신을 성장궤도에 올릴 수 있다. 타인의 평가나 타인과의 비교도 참고자료는 되지만 자기평가의 절대적 기준은 되지 못한다. 어디까지나 평가기준은 "자신이 어떻게 존재하고 싶은가"에 달려 있다. 즉, '이상적인 자기상'이야말로 가장 중요한 평가기준이 되어야 한다는 것이다.

타인의 평가에 좌우되면 가치관이 다른 상대에게 휘둘릴 수도 있다. 게다가 자신이 납득할 수 있게 움직이지 못하는 경우도 있다. 타인과 비교하는 데 신경 쓰고 있으면 아무리 자신이 성장을 하더라도 다른 사람과 비슷하게 노력하는 한 자기평가가 오르지 않아 의욕으로 이어지지 못한다.

그러나 이상적인 자기를 기준으로 한 자기평가 시스템을 가지면, 타인의 평가나 타인과의 비교에서 자유로워진다. 다른 사람에게 무슨 말을 듣든 남들이 어떤 성과를 올리든 냉정하게 받아들일 수 있으며, 일희일비하지 않게 된다. 다른 사람들에게 좌우되지 않고 자기다움을 활용하는 길을 걷게 된다.

자기평가 시스템의 비교

- 타인의 평가만을 신경 쓰기 때문에 항상 안정되지 못한다.

- 이상적인 자기와 비교해서 자신을 평가하면 주위에 좌우되지 않는다.

"다른 사람과 비교하는 것은 어디까지나 자신이다. 물론 다른 선수의 기록도 중요하다. 하지만 우선은 자신의 능력과 겨루어야 한다."

이렇게 말하는 이치로 선수는 이상적인 자기를 기준으로 한 자기평가 시스템을 확립하고 있다고 말해도 좋다. 그렇기 때문에 주위에 좌우되지 않고 착실하게 자신의 강점을 확실히 활용해서 성과를 올리는 것이다.

> **POINT**
> 이상적인 자기를 기준으로, 타인에게 좌우되지 않는 자기평가 시스템을 갖자.

Section 6

일에 몰두하는 사람

커리어 앵커

"**X이론과 Y이론**으로 세계적으로 유명한 맥그리거D. McGregor의 후계자이면서 경영학자이고 조직심리학자이기도 한 샤인은 심리학을 도입한 경영론을 스승 맥그리거와 함께 전개하고 있다. 지금 이야기하려고 하는 '커리어 앵커'는 그가 제창한 개념이다. 커리어 앵커란 문자 그대로 말하면 사회생활에서 닻을 내리는 장소, 즉 오랜 기간에 걸친 사회생활에서 근거가 되는 곳을 가리킨다.

샤인은 수많은 비즈니스맨들과 업무생활에 관한 인터뷰를 하며 돌아다녔다. 저마다 다른 직장생활을 하며 갖가지 추억을 에피소드를 섞어 이야기하는 비즈니스맨들과 만나는 동안 샤인은 어떤 사실을 깨달았다. 누구나 어떤 일이든 그 일을 하고 있을 때는 다른 일을 할 때보다 더

■ X이론과 Y이론 조직심리학자 맥그리거가 제창한 경영이론. X이론은 인간은 선천적으로 일하기 싫어하며 보수와 벌이 주어져야만 한다고 간주한다. 반면 Y이론은 인간은 자기실현욕구로 움직이며 외적보수나 강제력 없이도 스스로 성장을 목표로 열심히 일한다고 본다.

자신의 근거를 나타내는 커리어 앵커

안전한 부두에 정박하고 있는 것처럼 느낀다는 사실이다. 그곳이 자신의 근거라는 감각을 갖는다. 샤인은 그러한 감각을 '커리어 앵커'라고 이름 지었다. 물론 그것이 무엇인지는 사람에 따라 다르다. 그래서 샤인은 커리어 앵커를 5가지로 분류했다.

5가지 커리어 앵커

① 전문능력competence

오로지 특정 분야에서 향상되기만을 목표로 삼는 사람의 커리어 앵커. 사람에 따라 그 분야는 다르다. 예를 들면, 기획, 판매, 인사, 엔지니

어링 등 특정 분야에서의 능력발휘에 기쁨을 느끼는 유형이 갖는 커리어 앵커이다.

② 경영관리 능력

관리직으로서 조직 내에서 출세하는 것에 가치를 두는 사람의 커리어 앵커. 조직 내에서 여러 사람이 담당하는 기능을 상호 연결해 대인관계를 처리하고, 집단을 통솔하는 능력을 발휘하고 권한을 행사해, 조직의 기대에 부응하는 데서 기쁨을 느끼는 사람이 갖는 커리어 앵커이다.

③ 안정

무엇보다도 중요한 것은 안정된 경력을 확보하는 것이라는 사람의 커리어 앵커. 고용의 보장을 가장 중요시하고 급료나 연금, 퇴직수당 등 경제적 안정을 추구하며, 하나의 조직에 근속하고 조직에의 충성과 헌신을 소중히 하는 사람이 갖는 커리어 앵커이다.

④ 기업가적 창조성

새로운 사업을 일으키는 것을 목표로 하는 사람의 커리어 앵커. 새로운 것을 만들어내고 장애를 극복하여 일을 궤도에 올려놓는 데 관심이 많고, 그것이 주는 성취감이 일하는 데 원동력이 되는 사람의 커리어 앵커이다.

⑤ 자율·자립

조직생활을 싫어하고 무엇보다 자신이 납득할 만하게 움직이고 싶다는 사람의 커리어 앵커. 조직의 룰이나 규제에 묶이지 않고 자신이 납득하는 방식대로 자율적으로 일을 해가는 사람이 갖는 커리어 앵커이다. 조직에 소속되어 있는 경우에도 자신의 방식대로 일을 진행시키고 싶다는 마음이 강하다.

샤인은 캐리어 앵커를 5가지로 구분했지만, 이후 인터뷰를 계속하는 가운데 이 5가지 중 어느 것과도 일치하지 않는 사람들을 만났다. 그리고 그들의 이야기를 듣고 다음의 3가지 커리어 앵커를 추가했다. 결국 커리어 앵커는 8가지로 분류되기에 이르렀다.

추가된 3가지 커리어 앵커

⑥ 사회에 대한 공헌

무엇이든 사회에 공헌하고 싶다는 생각이 강한 사람이 갖는 커리어 앵커. 모두가 살기 좋은 사회의 실현에 가치를 두고 경제적·사회적으로 곤란한 사람을 돕거나 사람들에게 교육적인 동기부여를 하는 것을 즐기는 사람이 가진 커리어 앵커이다. 이런 종류의 사람은 전직을 해서라도 자신의 관심 분야에서 일하기를 원한다.

⑦ 전체성과 조화

　일에 몰두하면서도 가족과 함께 시간을 보내고 싶다든가, 어떤 장소에서 생활하고 싶다든가, 개인적인 목표를 추구하고 싶다는 바람을 가진 사람의 커리어 앵커. 가족의 요망이나 개인적인 욕구와 일의 균형을 잡는 데 고심하는 사람이 가진 커리어 앵커이다.

---

① 전문능력
오로지 특정 분야에서의 향상만을 목표로 한다.

② 경영관리 능력
관리직으로 조직 내에서 출세에 가치를 둔다.

③ 안정
무엇보다도 안정된 경력의 확보를 중요하게 여긴다.

④ 기업가적 창조성
하고 싶은 일은 새로운 사업을 일으키는 것이다.

⑤ 자율·자립
조직생활을 싫어하고 자신이 원하는 방식으로 움직이고 싶다.

⑥ 사회에 대한 공헌
무엇이든 사회에 공헌하고 싶다.

⑦ 전체성과 조화
일과 가정 또는 취미 등이 모두 조화로운 생활을 바란다.

⑧ 도전
뭔가에 도전한다는 것에 열정을 가지고 있다.

샤인이 분류한 커리어 앵커

⑧ 도전

무언가에 도전하는 데 열정을 가진 사람의 커리어 앵커. 색다른 것이나 변화, 어려움을 추구하여 어려운 과제를 해결하거나 강적을 이겨내는 것에서 보람을 느끼는 사람이 가진 커리어 앵커이다.

그럼, 당신의 커리어 앵커는 무엇인가? 어떤 일을 하고 있을 때 충실감을 느끼는가? 시간이 가는 것도 잊을 정도로 몰두한 일은 무엇이었는가? 업무나 직장에 관하여 당신이 특별히 싫다고 느끼는 것은 무엇인가? 곰곰이 자문자답해보자.

많은 사람들은 커리어 앵커 리스트를 봐도 하나를 고르기는 어렵다고 느낀다. 하지만 샤인은 본래 커리어 앵커는 누구에게나 하나밖에 없다고 한다. 다만 그것을 알지 못하고 있을 뿐이다.

Q1 어떤 일을 하고 있을 때 충실감이 드는가?

Q2 시간의 경과를 잊을 정도로 몰두하는 일은 무엇인가?

Q3 업무나 직장에 관해 특별히 싫다고 느끼는 것은 무엇인가?

커리어 앵커를 찾는 질문

현실적으로는 현재 하는 일이 자신의 커리어 앵커와 잘 맞지 않는 사람이 많을 것이다. 바로 그 때문에 일에 보람을 느낄 수 없다거나 직장에 만족하지 못하는 것이다. 자신의 커리어 앵커를 파악하는 것이 중요한 까닭이 바로 여기에 있다.

하지만 자신의 커리어 앵커를 찾아내기가 그렇게 간단한 일은 아니다. 샤인 역시 마찬가지였다. 그는 교수로서 근무하는 MIT에서 학부장 후보로 추천받아 결단을 재촉받았을 때 비로소 자신이 진정으로 무엇을 바라고 있는지를 알았다고 한다. 그제야 자기 내면의 우선순위를 깨달았다는 것이다. 그리고 학부장 취임요청을 거절했다.

그가 학부장 취임요청을 거절한 이유는 분명하다. 학부장이 되면 자유가 없어지기 때문이다. 학부장이라는 지위는 관리직을 지향하는 사람들에게는 중요한 목표일 것이다. 출세욕·권력욕을 충족시키며 수입도 늘어나고 신분보장도 향상된다. 하지만 그에 대한 대가로 조직을 위한 일을 중심에 두어야 하고, 자신의 일을 하는 자유는 크게 제한받지 않을 수 없다. 이때 샤인은 자신의 커리어 앵커는 '전문능력'일지도 모른다고 생각했다.

이처럼 자신의 커리어 앵커를 알아내기는 어려운 일이다. '바로 이것이 내 일'이라고 할 만한 일이나 '여기가 바로 내가 있어야 할 직장'이라고 할 만한 직장을 만난 사람은 행복한 사람이다. 그러나 압도적으로 많은 사람들이 그렇지 못하다. 그래서 전직을 한다. 하지만 다음 일이나 직장도 원만하지는 않다. 또 전직을 한다.

이렇게 닥치는 대로 직장을 바꾸어도 천직이라고 생각할 만한 일을 만날 가능성은 낮다. 하지만 자신의 커리어 앵커를 기준으로 일을 선택한다면 성공 확률은 크게 높아진다. 때때로 자기 자신을 마주보면서 지금까지의 커리어를 돌이켜보자.

> **POINT**
>
> 일에서 자신의 근거를 아는 것은, '여기가 내가 있을 곳'이라는 느낌을 주는 직장을 갖는 길이다.

일에 요구되는 가치관

　　　　　　취직할 때 무엇을 중시하는가 역시 사람에 따라 다르다. 고도경제 성장기에는 **맹렬사원**이라는 말도 자주 들을 수 있었고, 사생활 따위는 없었으며 가정도 돌보지 않고 일에 몰두하는 모습이 보통의 직장인 이미지였다. 일벌, 일벌레 등의 호칭도 흔했다. 그리고 이런 '일 중심'의 라이프스타일을 끝까지 밀고 간 사람들이 전후의 부흥과 풍요로운 사회의 실현에 크게 공헌했다.

　하지만 지금은 풍요로움이 실현되었고, 그에 따라 사생활을 즐길 여유가 생기고 마이-홈-파파my-home-papa 등의 말도 생겨났다. 업무 위주의 생활보다도 퇴근 후의 가족이나 친구들과 관계된 세상을 중시하는

■ 맹렬사원　일본의 고도경제성장의 원동력이 된, 사생활과 가족을 희생해가면서 맹렬히 일하는 샐러리맨을 일컫는다. '맹렬(모레츠)'이라는 말은 인기여성 아이돌을 기용한 석유회사 CM에 사용되어 크게 유행했다.

사람도 늘어났다. 또 워크 라이프밸런스를 중요하게 여겨 일과 사생활의 균형을 어떻게 맞춰갈지를 고민하는 시대가 되었다. 따라서 취직이나 전직을 할 때 자신이 이상적으로 생각하는 라이프스타일과 잘 맞는지 아닌지를 검토할 필요가 있다.

전직 희망자의 ■**커리어 카운슬링**을 해온 필자의 경험으로 보더라도, 현재의 직장이 자신에게 맞지 않는다고 절실히 느끼고는 있지만 어디가 맞지 않는지 어떤 조건이 충족된다면 받아들일 수 있는지를 확신하는 사람은 드물었다. 이제는 한계에 달했다고 생각하면서 회사를 그만두고 싶다는 K씨는 다음과 같이 말했다.

"저는 아직 신입사원이라 이런 말을 할 입장이 아니지만, 회사에 다니면서 전혀 즐겁지 않습니다. 아직 일을 잘하지도 못하지만, 또 학생시절과 달리 월급을 받고 있으니까 재미없어도 참는 것은 당연하겠지만, 도저히 직장에 정이 들지 않아 매일 아침 우울하고……. 이대로 계속 다니면 정신건강상으로도 좋지 않아서 이참에 큰맘 먹고 전직을 고려해봐야 한다는 생각이 듭니다."

저자는 '더 이상은 싫다' '한계다'라는 기분이 들어 회사를 그만두는 사람을 더러 만났다. 그러나 이런 방식으로는 직장을 바꿔도 또다시 같은 불만을 갖는 경우가 많다. 자신이 무엇에 불만을 느끼는지, 무엇을 추구

■ **커리어 카운슬링** 보통 직업선택을 지원해주는 카운슬링적 개입이라고 여기는 경우가 많지만, 취직이나 전직의 지원뿐만 아니라 개인의 평생에 걸친 커리어 발달을 지원하는 것으로서 위치를 잡아가고 있다.

Section 6 ■ 일에 몰두하는 사람   159

하고 있는지, 어느 부분이 개선된다면 만족할 수 있을지 등을 확실하게 파악하지 못한 채 결단 내린 전직은 실패로 끝나기 쉽다. 그래서 일이나 직장에서 '자신이 추구하는 것이 무엇인지' 파악하는 것이 중요하다.

일이나 직장에서 추구하는 바를 ■**워크밸류**^{work value}라고 한다. 워크밸류에는 다음과 같은 요소들이 있다. 순서에 따라 살펴보면서 당신은 어떤 조건을 특별히 중시하는지 생각해보자. 자신의 가치관이나 라이프스타일을 돌아보면서 점검해보기 바란다.

일이나 직장에서 추구하는 워크밸류

① 물리적으로 쾌적한 직장환경

'새롭고 깨끗한 사무실에서 일하고 싶다'는 생각이 강한 사람이 낡고 벽이 여기저기 떨어져나가거나 색이 바래 벗겨지는 낡은 건물에 위치한 사무실에서 일한다면 상당히 우울한 일일 것이다. 자기 이미지와 맞지 않는다고 느낀다. 겉보기보다 일의 내용이 중요하다고 하는 사람도 있을 것이다. 그러나 감각파인 사람에게는 물리적 환경도 매우 중요한 의미를 갖는다.

■ **워크밸류** 개인에게 있어서 일이나 직장이 차지하는 가치. 사람에 따라 일이나 직장에서 추구하는 것은 다르다. 자신이 어떤 워크밸류를 추구하고 있는가를 아는 것은 건전한 커리어 발달을 위해 중요한 일이다.

② 편안한 직장 분위기

　인간관계는 스트레스의 가장 큰 원인이면서, 스트레스를 치유하는 가장 좋은 방법이기도 하다. 직장의 인간관계가 스트레스로 가득한지, 치유되는 편안한 관계인지가 직장의 분위기를 결정한다. 직장동료와 일정한 거리를 두는 사람에게는 어찌됐든 상관없는 일이지만, 직장 사람들과 마음의 교류를 추구하며 직장을 하나의 거주지로 삼는 사람에게는 직장 분위기가 중대한 관심사이다.

③ 상사와의 좋은 관계

　조직에 소속되면 원하든 원치 않든 상사와의 권력관계에 말려들게 된다. 원만한 관계를 쌓아가면 좋겠지만 가치관이나 성격이 맞지 않는 상대도 있다. 자신에게 영향력을 가진 상사와 원만하지 않으면 상당한 어려움이 있게 마련이다. 전직하겠다고 마음먹는 요인이 될 수도 있다.

④ 사적인 시간과의 양립

　가족과의 단란함을 가장 큰 보람으로 여기는 사람, 친구들과 술을 마시거나 쇼핑을 하거나 식사하러가는 것을 가장 큰 즐거움이라는 사람, 혹은 여행이나 영화 마니아와 같이 취미로 살아가는 사람……. 이런 사람들에게는 사적인 시간을 확보하는 것이 무엇보다도 우선되어야 하는 조건이다. 일이 너무 바빠서 사적인 시간이 침해받는다면 '참을 수 없는 일'이 된다.

⑤ 안정성

공무원이나 대기업에 취직하기를 희망하는 사람 중에는 안정성을 중시하는 사람이 많다. 일의 보람이나 한 번의 대박을 생각하며 위험을 감수하더라도 성장을 기대할 수 있는 작은 회사를 선택하는 사람도 있다. 하지만 안정을 지향하는 사람은 위험을 기피하여 망할 걱정이 없는 회사를 선택한다. 장래에까지도 안정된 수입이 확보되는 조건이 가장 큰 매력이다.

⑥ 고수입

오로지 많은 수입을 추구하는 유형도 있다. 생긴 지 얼마 안 되는 회사가 시류를 잘 만나는 경우, 일시적으로 고수입을 얻는 일이 있다. 급성장이 영원히 계속된다는 것은 기대할 수 없으며 시류가 변할 때마다 어떻게 대응하는가에 따라 미래가 좌우되기도 하지만, 그럼에도 불구하고 지루한 것보다는 모험을 즐기는 사람은 안정성을 희생해서라도 고수입을 추구한다.

⑦ 충실한 복리후생

안정성을 중시하는 사람은 충실한 복리후생도 추구하는 법이다. 여러 수당, 사택, 휴양소 등 복리후생은 안정된 생활을 유지하기 위해서도 중요한 요소라 할 수 있다. 가족생활을 즐기기에도 유익하기 때문에 사적인 시간과의 양립을 중시하는 사람과도 중복된다.

⑧ 인사평가 시스템

열심히 일해도 평가를 받지 못한다거나 동료보다 자신이 명백히 유능한데도 등용되지 못한다는 생각을 갖고 있으면 동기부여가 잘 생기지 않는다. 상사와의 관계가 원만하지 않아 그런 생각을 하게 되는 경우도 많지만, 사내의 인사평가 시스템 자체에 문제가 있는 경우도 적지 않다. 분발해서 성과를 올렸는데도 전혀 보수가 오르지 않거나 승진으로 연결되지 않는다면 끝까지 버티지 못한다는 생각을 없애기 어렵다.

⑨ 사회적 평가

수입이 그럭저럭 괜찮고 고용이 안정적이어도 업무내용이 남들에게 자랑할 만하지 않은 경우, 사회적 평가가 낮은 경우 역시 불만을 느끼기 쉽다. 남들에게 어떻게 보이든 상관없다는 기개가 있는 사람도 내심 남의 시선이 신경 쓰이는 법이다. 사회적으로 평가받는 일에 종사하는 사람을 부럽게 느끼는 마음도 솔직히 있을 것이다. 열심히 하고 있는 일을 세상 사람들이 좋게 평가해주지 않는 것은 쓸쓸한 일이다.

⑩ 보람

일에서 보람을 추구하는 것은 가장 정당한 가치관이라고 할 수 있다. 그러나 그 가치관을 충족시키는 것은 의외로 어렵다. 일을 한다는 그 자체에 성취감이 있다거나 능력이나 적성을 활용하고 있다는 실감이 동반된다면 더할 나위 없다. 사람들에게 혹은 세상에 도움을 주고 있다는 생각이 드는 경우에도 보람을 느낄 수 있다.

⑪ 성장

일을 하면서 ■**대인기술**이 늘거나, 어떤 종류의 기능이나 지식이 몸에 익는 등, 자신이 성장하고 있다는 실감을 원한다. 그런 유형은 다소 힘들거나 보수가 적어도, 사적인 시간을 침해당하더라도 자신의 성장으로 이어지는 일을 원한다. 정체감이 불만으로 이어진다.

현재의 일이나 직장에 대한 불만이 심해질 때는 지금까지 소개한 11개의 워크밸류를 바탕으로 자신이 중시하는 조건과 현 상황을 조명해보자.

■ 대인기술　인간관계를 원활하게 진행시켜가기 위한 기술. 인사나 감사 표현을 하지 못하거나 커뮤니케이션이 서툴다는 등, 대인기술이 부족한 젊은이들이 늘어나면서 기업 연수 등에서도 대인기술의 트레이닝이 중시되고 있다. 사회적 기술이라고도 한다.

POINT
일을 통해 얻는 것은 보람이나 금전적 보수 외에도 많다. 자신의 워크밸류와 현 상황을 조명해보자.

일을 재미있게 계속하려면

직업에 대한 관심이나 호불호를 '직업흥미'라고 한다. 흔히 '어떤 일이든 좋아해야 열심히 하게 되고 자연히 숙달되는 법이다'라고 말하는데, 관심이 있는 것이나 좋아하는 것이라면 다소의 어려움이 동반되어도 힘을 낼 수가 있다.

직업흥미는 그 직업이나 일에서 능력을 발휘할 수 있는지 아닌지, 장기간 이어질지 아닐지를 예측하는 데에 유효한 실마리가 된다. 현재의 일이 맞지 않아서 전직을 생각하는 사람에게 급료나 근무시간 등의 조건이 마음에 걸리는 것은 당연하다. 하지만 그보다 더 중요한 것이 '흥미를 가질 수 있는 일인지 아닌지'이다.

직업흥미와 근무조건 사이에서 동요되어 무엇을 중시해야 하는지를 고민하는 경우도 적지 않다. 다음과 같은 경우는 얼마든지 있을 수 있다.

"회사에서 금융관련 업무를 담당하고 있는데, 보수는 상당히 좋지만 금융업무에는 아무래도 흥미를 갖게 되지 않는다."

"부동산 중개업에 종사하는데, 새로운 주택을 보면 행복한 기분이 든다. 꿈을 사러오는 고객을 지원하는 일은 보람 있는 일이다. 하지만 주말과 휴일에도 쉴 수 없어 친구들이나 가족과 함께 지낼 수 없는 점이 불만이다."

전직을 생각하는 경우에는 앞에서 소개한 워크밸류의 관점에서 무엇을 우선해야 하는지를 신중하게 검토해야 하는데, 그와 더불어 직업흥미라는 관점도 주목해야 한다.

"어렸을 때부터 기계에 관심이 많았고 기계 다루기를 좋아했기 때문에 엔지니어와 관계된 일에 흥미가 있다."

"사교적인 성격으로 사람들과 접촉하기를 좋아해서 사무직보다는 영업이나 판매직을 해보고 싶다."

"원래 스포츠를 좋아하고 운동신경도 좋아서 스포츠센터의 코치 같은 일이 적합하다고 생각한다."

"사람들을 돌보는 것을 좋아하고 아이들을 좋아해서 유치원이나 초등학교 선생님이 좋겠다는 생각이 든다."

"책읽기를 좋아하고 무언가를 조사하는 일을 좋아하기 때문에 사서나 연구직에 종사하기를 원한다."

"아이디어를 짜내 무엇인가 발상하거나 기획하기를 좋아하기 때문에 광고회사나 이벤트 회사가 마음에 든다."

이처럼 직업에 대한 흥미가 분명한 경우는 당연히 흥미가 최우선이 되어야 한다. 근무조건에만 마음을 빼앗기지 말아야 한다.

심리학자 홀랜드John L. Holland는 직업흥미를 유형화해 6각형 모델을

직업흥미의 6각형 모델

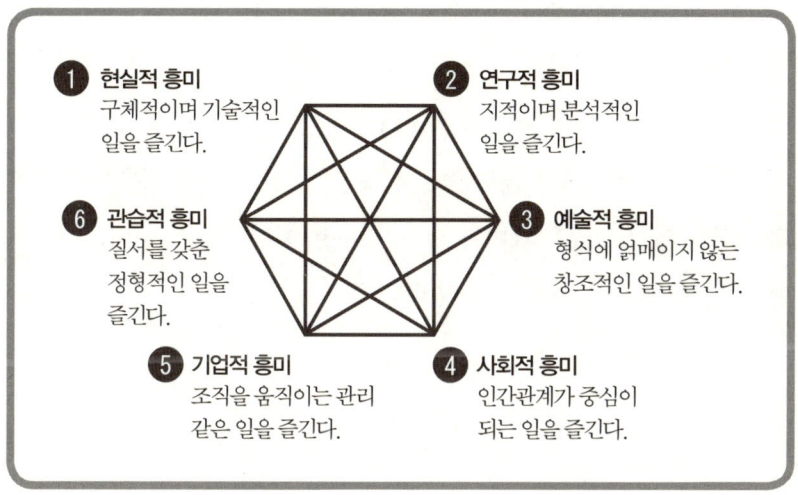

제기했는데, 위의 그림과 같이 현실적 흥미, 연구적 흥미, 예술적 흥미, 사회적 흥미, 기업적 흥미, 관습적 흥미 등 6가지이다.

홀랜드는 직업의 선택이란 개성의 표현이며 특정한 직업적 환경에 있는 사람들은 비슷한 개성과 개성 형성사形成史를 보이는 경향이 있다고 한다. 또 직업과 개성은 강하게 연결되어 있어, 직업흥미를 조사하는 것은 바로 개성을 조사하는 것이라고 한다. 흥미있는 직업에 종사함으로써 직업선택은 성공하고 커리어 발달도 자연스럽게 이루어진다.

실제의 직업은 수없이 많겠지만 대략 6가지로 유형화한 직업흥미 6각형 모델을 참고로 당신 자신의 직업흥미를 검토해보자. 단, 현재 종사하고 있는 직업이 자신의 직업흥미와 다르다고 해서 쉽게 전직을 생각하는 것은 위험하다. 직업흥미가 그대로 직업으로 연결되는 경우는 드물다고 할 수 있다. 현재 하고 있는 일 속에서 자신의 직업흥미로 재미를 더하는 것이 중요하다.

예를 들면, 영업·판매직에 종사하는데 연구적 흥미가 크다면 상품지식이나 인간심리를 꼼꼼히 연구할 수 있다. 그에 따라 지루하게 반복되기 쉬운 일에도 깊은 묘미가 생긴다. 바로 이것이 일이 재미있어지고 장기적으로 지속할 수 있는 비결이다.

흥미와 관심을 활용하여 일상적인 일에 재미를 붙이자.

어떤 능력을 갈고 닦아야 하는가

누구나 업무능력을 높여 스스로 납득할 만한 커리어를 쌓아가기를 원한다. 하지만 생각은 그렇게 하면서도 구체적으로 어떤 능력을 갈고 닦으면 좋을지를 알지 못하겠다는 사람이 적지 않다. 당신은 어떤가? 어떤 능력을 갈고 닦으려고 의식적으로 노력하고 있는가?

"물론 차를 좀 더 팔아서 영업성적을 올리고 싶은 마음은 있다. 하지만 그러기 위해 어떤 능력을 갈고 닦으면 좋을까? 그것을 모르겠다."

"기획안을 내는 족족 통과되는 선배를 보면, 역시 나는 뭔가 부족하다는 생각이 든다. 하지만 매일 주어진 일 처리에 급급해 어떻게 하면 업무능력을 높일 수 있는지 등은 생각할 여유조차 없는 형편이다."

이런 생각을 가진 사람들이 의외로 많다. 눈앞에 놓인 일을 열심히 파고들다 보면 업무능력은 서서히 높아져가는 건 사실이다. 그러나 대부분 목적의식 없이 느긋하게 일하기 때문에 눈앞의 일에 대해 의욕을 갖지 못하는 경우도 많다. 기업이 사원을 가족과 마찬가지로 여기고 정년까지 보장해주던 시대는 이제 끝났다. 앞으로는 생존을 걸고 자신의 캐리어를 스스로 쌓아가지 않으면 안 된다.

비즈니스에 필요한 능력은 무엇인가를 생각하려면, 가장 먼저 가장 흔히 하는 말을 떠올려야 한다. 초심으로 돌아가는 것이다. 입사할 당시 어떤 능력이 중시되었는지를 되새겨보자. 한 조사에 따르면 신입사원을 채용할 때에 가장 많은 기업이 가장 중시하는 것은 '두뇌'와 '커뮤니케이션 능력'이라고 한다. 그리고 그것에 이어서 '과제 창조 및 달성력'이나 '외모'가 중시되었다.

'두뇌'란 다시 말해 학력, 지능, 논리적 사고력을 가리킨다. '커뮤니케이션 능력'에는 두 가지 측면이 있다. 하나는 자기주장과 협동성을 균형맞게 활용해 팀워크나 리더십을 발휘하는 것, 또 하나는 있는 그대로의 자신을 펼쳐보여서 자신을 표현하는 것이다.

'과제 창조 및 달성력'이란 문제를 스스로 발견하고 해결법을 생각해 내어 실행함으로써 목표를 달성하고 성과를 올리는 것을 말한다. 여기에는 달성하고자 하는 의욕도 포함된다. '외모'란 행동거지나 태도가 예의와 상식에 벗어나지 않고 외관이나 말하는 품새가 밝고 기운찬 것을 가리킨다.

이러한 것은 취직에 즈음하여 많은 기업들이 신입사원들이 갖추고 있기를 바라는 기초적 능력이다. 그럼 이들 능력을 기초로 하여 자신의 커리어를 쌓아가려면 어떤 능력이 더욱 필요할까? 필자는 많은 비즈니스맨들을 상대로 한 의식조사와 상담사례를 바탕으로 커리어 형성력을

커리어 형성의 6가지 인자

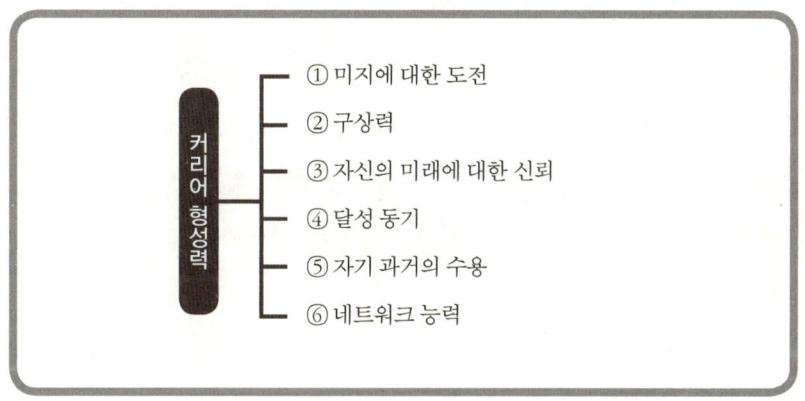

측정하는 심리척도를 개발하였다. 그것은 다음과 같은 6가지 인자로 구성된다.

커리어 형성에 필요한 6가지 인자

① 미지에 대한 도전

첫 번째 요인인 미지에 대한 도전은 불확실한 요소나 새로운 상황에 놓이는 데에서 오는 불안을 극복하여 미지의 영역에 과감하게 도전해가는 성질이다. 익숙한 일에는 안심하지만 처음 하는 일이면 호기심보다도 불안이 앞서 안정감이 없어지는 유형이 있다. 이런 사람들에게 배치전환 등은 대공황이다. 이 같은 유형은 자기변혁이 필요하다. 체력을 키우기 위해 근육 트레이닝하는 사람을 상상해보자. 운동으로 보통 때 사용하지 않는 근육을 사용해서 힘을 키운다. 커리어를 형성하는 것 역시 마찬가지다. 새로운 일에 도전할 수 없으면 잠재능력을 이끌어낼 수 없다.

커리어 형성에 잠재능력의 활성화는 불가결하다. 따라서 미지에 대한 불안을 극복해 미지의 영역에 돌입할 수 있는 힘, 즉 미지에 대한 도전이 커리어 형성을 촉진하는 성질이라고 할 수 있다.

② 구상력

두 번째 요인인 구상력은 무엇이 되고 싶은지를 기본으로 해서 무엇을 할 수 있는지를 고려한 다음, 지금 무엇을 해야 하는지를 구체화할 수 있는 성질이다. 최근 좀처럼 취직을 못 하거나 취직하더라도 주어진 일에 몰두하지 못하는 젊은이가 늘고 있다. 여기에는 많은 이유가 있을 수 있지만, 자신이 '무엇이 되고 싶은지' 알지 못한다는 것도 꽤 많은 비중을 차지하는 이유이다. '꿈을 가질 수 없다' 혹은 '꿈에 이르는 수단을 구체화할 수 없다'는 유형이다. 또 꿈은 가지고 있지만 현실과 상당히 유리되어 있는 유형도 마찬가지다. 이들에게는 '무엇이 되고 싶은지'와 '무엇을 할 수 있는지'가 동떨어져 있다. 이런 경우 어느 쪽이든 자기 나름대로 납득할 수 있는 커리어 형성과정을 구상할 수 없다.

③ 자신의 미래에 대한 신뢰

세 번째 요인은 자신의 미래에 대해 긍정적인 전망을 가질 수 있는 성질이다. 오랫동안 일을 하다 보면 잘되는 일도 있는가 하면 실패하는 일도 있다. 생각대로 잘되지 않는 일이 계속 반복되는 경우도 있다. 하지만 그렇다 하더라도 '열심히 하면 언젠가 반드시 잘될 것'이라고 미래를 믿는 사람은 동기부여를 유지할 수 있다. 실수한 경우에도 '이젠 안 된다'고 비관하지 않고 '다음에 만회하면 된다'고 낙관하고, 초조해하지 않으면서 안정감을 찾아 전진한다. 흔히 '자신을 믿는 것이 중요하다'고 말하는데, '자신을 믿는 것'은 '미래를 믿는 것'과 같다. 우리는 시간적 존재이다.

④ 달성동기

네 번째 요인, **달성동기**는 일을 완수하려고 하는 적극적인 자세다. 성취감을 얻는다는 것은 누구에게나 매우 기분 좋은 일이다. 어렸을 때 글자를 읽게 된 때 느꼈던 성취감, 하지 못하던 물구나무서기를 하게 되었을 때 또 자전거를 타게 되었을 때 느꼈던 성취감을 떠올려보라. 그 무엇과도 바꿀 수 없는 것이지 않은가?

인간은 본래 누구나 달성동기를 가지고 있다. 하고자 하는 마음이 생기지 않는다면, 자신의 내면에 처리되지 못한 문제가 있다고 봐도 틀림없다. 과거의 실패를 지금까지 질질 끌고 있는지도 모른다. 누군가와 비교해서 자신을 잃고 있는지도 모른다. 일이나 직장 또는 상사와 잘 맞지

■ 달성동기 일을 완수하려는 동기. 달성동기가 강한 유형은 결과의 피드백을 추구하며 실패의 원인을 노력 부족 때문이라고 생각해서 어려운 과제에도 적극적으로 도전하는 경향이 있다. 반대로 실패 회피 동기가 강한 유형은 가능하면 실패를 피하기 위해 성취감을 동반하지 않더라도 쉬운 과제를 선택하는 경향이 있다.

커리어 형성에 의욕적인 사람, 무기력하고 수동적인 사람

• 향상심을 가지고 일에 몰두한다.　　• 아무런 목표 없이 느긋하게 일한다.

않는지도 모른다. 그런 때, 달성동기가 커리어 형성을 추동해간다. 자신의 문제를 정리해서 달성동기에 눈뜨는 것이 필요하다.

⑤ 자기 과거의 수용

다섯 번째, 자기 과거의 수용은 긍정적인 경험과 부정적인 경험을 포괄하여 있는 그대로 자신의 과거를 받아들일 수 있는 성질이다. 미래에 대한 희망을 갖지 못하는 사람이나 현재 상황에 불만이 많은 사람 중에는 자신의 과거에 얽매여 있는 경우가 적지 않다. 과거에 얽매여 있다고 본인 스스로는 의식하지 못할 수도 있지만, 어딘가에서 과거의 좌절이나 성장환경의 문제를 끌어가고 있다.

힘차게 긍정적으로 커리어를 형성하기 위해서는 과거의 수용을 빠르

릴 수는 없다. 카운슬링도 그 기본은 과거의 정리와 재구축이다. 누구나 과거에는 싫은 일이 많았다. 그것들을 정리하여 소화시킬 수 있는지 없는지가 문제이다.

⑥ 네트워크 능력

여섯 번째 요인은 네트워크 능력으로, 남들과 관계를 만들고 그것을 유지·강화해서 정보에 유효하게 접근하는 등, 필요한 네트워크를 형성·유지해 활용하는 성실이나.

혼자서 할 수 있는 비즈니스는 없다. 게다가 대부분의 경우 남들과의 관계에서 도움을 받는다. 자신이 모르는 정보를 알고 있는 사람이나 자신과는 다른 경험을 쌓고 있는 사람으로부터 배우기도 한다. 관련된 사람이나 회사를 소개받는 경우도 있다. 네트워크는 커리어 형성에 있어서 강력한 지원군이다.

당신 스스로 부족하다고 느끼고 과제라고 생각되는 능력이 있으면, 그것을 강화하도록 의식하자. 의식함으로써 서서히 행동이나 마음가짐이 바뀌어갈 것이다.

POINT
커리어 형성을 위해 필요한 힘 6가지를 의식하면서 잠재능력을 발휘하자.

Section 7

커뮤니케이션에 능한 사람

마음을 사로잡는 커뮤니케이션

비즈니스의 기본은 커뮤니케이션이다. 비즈니스 세계는 사람과 사람 사이의 거래로 성립한다. 비즈니스에서 성공하고 있는 사람들은 커뮤니케이션 기술을 익힌 사람들이다.

당신이 제아무리 다양한 재능을 가지고 있어도 그것을 기업의 담당자에게 이해시키지 못한다면 고용되지 못한다. 아무리 훌륭한 상품을 개발해도 소비자의 마음에 어필할 수 없다면 팔 수 없다. 그렇기 때문에 기업이 신입사원을 채용할 때 가장 중시하는 것이 커뮤니케이션 능력이며, 실무기술만큼이나 커뮤니케이션 기술이 중요시된다.

"상품지식은 내가 훨씬 많은데도 왜 매출성적은 다른 사람보다 나쁜지 모르겠다."

"내 판단이 대부분의 경우에 올바른데도 회의에서는 좀처럼 의견이 통과되지 않는다."

이런 불만의 목소리를 듣는 경우가 많다. 이들의 한숨에는 착각이 포함되어 있다. 사람이 이치대로만 움직인다고 생각한다면 큰 오산이다. 다른 사람에게 단점을 지적받는 일은 늘 있을 수 있다. 그런데 그 말이 맞으면 맞을수록 더 울컥 화가 치밀었던 경험이 있는가? 그렇게 인간은 감정적인 존재이다.

이치대로만 움직이는 것은 로봇 정도이다. 개도 고양이도 감정으로 움직인다. 인간은 더욱 그렇다. 이치대로 움직일 수 있다면 고생하지 않는다. 이치를 이해하고 있더라도 좀처럼 그대로 움직일 수 없다. 그렇기 때문에 고민하며 괴로워한다. 초조해한다. 자기혐오에 빠진다.

학생시절을 생각해보면 더 분명히 알 수 있다. 시험이 다가와서 시험 준비에 집중해야 한다는 것을 충분히 알고 있지만, 그럴 마음이 들지 않는다. 의욕이 생기지 않는다. 머릿속으로는 시험공부를 걱정하면서도 텔레비전 앞에 앉아 시간을 보내기 일쑤다. 그러다 시간이 지나면 초조함과 자기혐오만이 쌓여간다. 지금 돌이켜보면 그래도 그리운 때라는 생각이 들겠지만, 당시에는 상당히 심각했을 것이다. 이치로는 알고 있다고 해도 마음이 따르지 않는다. 그렇기 때문에 행동으로 옮기지 못한다. 그것이 인간이다.

회의 등에서 자신이 평소에 반감을 가지고 있는 인물의 의견에 머리로는 '그래, 그럴지도 몰라'라고 생각해도 마음에서는 저항이 일어 선뜻 찬성한다는 의견을 말하지 못한다. 반대로 호의적으로 보는 인물의 발언에 대해서는 이치상으로는 의문이 드는 부분이 있어도 정면에서 딱 잘라 반론을 제기하지 못한다. 마음에 저항이 생긴다. 이것 또한 인간 심리의 진실이라고 할 수 있다.

다른 사람의 의견에 대한 마음의 움직임

 그래서 내용이나 논리만큼 중요한 것이 마음을 잇는 것이다. 마음이 연결되지 않으면, 무엇보다 아무리 올바른 이치로 말하더라도 상대가 받아들여주지 않는다. 마음만 이어져 있다면 이쪽의 이치를 정당하게 평가해줄 수 있다. 경우에 따라서는 관대하게 봐줄 수도 있으면 다소 무리라 해도 들어주고픈 마음이 생긴다.

 그렇다면 마음을 연결하기 위한 커뮤니케이션은 어떤 것일까? 그 기본은 능숙하게 듣는 사람이 되는 것이다. 말에는 스트레스 발산효과가 있다. 화가 나 있을 때에 누군가에게 말하고 싶어지는 것도 말을 함으로써 개운해지기 때문이다. 듣기에 능한 사람이 '좋은 사람'이라는 말을 듣는 것도 그런 사람과 함께 있으면 마음이 개운해지기 때문이다.

 달변가가 아니라서 또는 말이 어눌해서 고민하는 사람도 있다. 그런 사람은 말 잘하고 사교적인 사람을 부러워한다. 하지만 의외라는 생각이 들겠지만, 말을 잘하는 사람보다 어눌한 사람이 호감을 더 많이 산다. 말을 잘하는 사람과 함께 오래 있으면 피곤하다. 남의 이야기를 계속 듣고 있으면 에너지가 소모된다. 게다가 말 많은 사람은 경박한 사람으로 보이기 쉽다. 다른 사람과 마음을 이을 수 있는 커뮤니케이션을 하고 싶다면 말을 잘하는 사람보다 잘 듣는 사람을 목표로 삼아야 한다.

그럼 상대가 기분 좋게 말할 수 있도록 능숙하게 듣는 사람이 되려면 어떻게 하면 좋을까? 단순히 듣고만 있으면 안 된다. 능숙하게 듣는 사람이 되기 위한 힌트는 듣기 전문가인 카운슬러의 자세에서 찾을 수 있다. 필자의 은사 가운데 한 분인 카운슬링 전문가 **사지 모리오**佐治守夫 선생님은 다른 사람의 이야기를 듣는 중요성을 설명할 때, 단순히 듣는 것을 '聞문'이라 하고 경청하는 것을 '聽청'이라고 해 대비시킨다.

> 우리 귀는 원하지 않아도 외부의 소리를 받아들인다. 다른 사람들의 이야기를 들을 때도 마찬가지다. 이야기하는 사람 앞에 있을 때, 누구나 그 이야기를 듣고 있다. …… 그런데 정말로 사람들의 이야기를 이해하고 그가 정말 말하고자 하는 바를 듣는다는 것은, 단순히 말하는 사람 앞에 있기만 해서 되는 일은 아니다.

■ 사지 모리오　1924~1996년. 임상심리학자. 경청의 자세를 매우 중시하며 로저스류流의 카운슬링을 일본에 정착시키는 데 공헌했다.

굳이 '聽'이라는 말을 사용하고자 하는 것은 '聞'과는 달리 '聽' 하는 사람에게는 아주 적극적인 그리고 상대를 이해하려는 능동적인 작용이 있음을 말하고 싶기 때문이다. 상대의 내면적인 세계, 상대의 인간성 그 자체, 그 당시 상대의 온전한 존재와 이어지는 마음이나, 그 밖의 여러 가지의 말이나 글로는 표현할 수 없는 것을 가능한 한 민감하게 그리고 상대가 의미하는 그대로 받아들이고 싶어 한다.

≪카운슬링 입문≫에서

결국 '聞'이란 들리는 소리를 그저 듣는 수동의 표현으로 자연히 들려오는 상태를 의미한다. 상대의 말을 이해하고 싶다는 마음이 없어도 상대의 말은 들려온다. 그러나 '聽'은 귀를 기울여듣는 능동적이고 적극적인 듣기를 말한다. 상대의 말을 피상적으로 되풀이하지 않고, 이해하고

단순한 듣기와 경청하기의 차이

싶다는 마음을 기울여서 듣는 것이다.

 듣기에 능한 사람이 다른 사람들의 마음을 움켜쥐는 것은 상대에게 '나를 알아준다'는 생각을 하게 만들기 때문이다. 그러니까 상대가 '알아준다'는 생각을 할 수 있도록 '알고 싶다'는 능동적인 자세로 듣는 것이 중요하다. 듣는 기술로서 **적극적 경청법**을 트레이닝하는 이유는 바로 이 때문이다. 그 포인트는 다음 5가지이다.

적극적 경청법의 5가지 포인트

① 고갯짓

 상대가 내 말을 들으면서 고개를 끄덕여준다면 말하기 대단히 쉽다. 기분도 좋아진다. 반대로 고개를 거의 끄덕이지 않고 반응이 없다면 이야기할 힘을 잃게 된다. 강연에서도 고개를 자주 끄덕여주는 청중이 있으면 강사는 자연 그쪽을 보면서 이야기하게 된다.

② 맞장구

 두 사람이 서로 마주보면서 장구를 치는 것을 '맞장구'라고 한다. 한 사람이 칠 때보다 2배, 아니 그 이상 신난다. 말을 할 때도 마찬가지다.

■ 적극적 경청법   로저스가 창시한 내담자 중심 치료기법의 근간에 위치하는 것. 상대의 말에 곰곰이 귀를 기울이는 것은 물론, 비언어적인 커뮤니케이션에도 주의를 기울여서 말에 담긴 마음, 말로 표현되지 않는 생각까지도 가능한 한 헤아리려고 하는 자세.

맞장구를 쳐주면 이야기를 하는 사람도 듣는 사람도 더욱 흥이 난다. 예, 그렇습니까?, 과연, 그래서요?, 그렇군요 등으로 맞장구를 잘 치는 사람은 이야기하는 사람이 흥에 겨워 말하게 만든다.

③ 되새김

되새김은 상대의 말을 맞장구치듯이 되풀이하는 것을 말한다. 되새김 역시 적당히 활용하면 적극적으로 경청하는 방법이 된다. 예를 들어, "늦었습니다"라고 말한다면 "늦었네" 한다. "그래서 과감히 전직했습니다"라고 한다면 "전직했군요" 한다. 이처럼 상대의 말을 부분적으로 반복하면, 말하는 사람은 확실히 들어주고 알아주고 있다는 기분이 든다.

④ 공감

기분 좋았겠네요, 기뻤겠습니다, 깜짝 놀랐습니다, 화가 납니다, 정말 지독하군요, 확실히 그렇군요 등으로 상대의 말에 공감을 나타낸다. 말하는 사람에게 공감받고 있다는 느낌만큼 강력한 것은 없다.

⑤ 질문

"그래서 어떻게 했습니까?" "그게 어떤 것입니까?" "그때 어떤 느낌이었습니까?" 등의 질문은 이야기를 제대로 듣고 있다는 증명임과 동시에 상대에게 흥미를 갖고 있다는 점도 전달한다.

적극적으로 경청하는 요령은 사실 그다지 어렵지 않다. 다만 평소 잘

적극적 경청법의 5가지 포인트

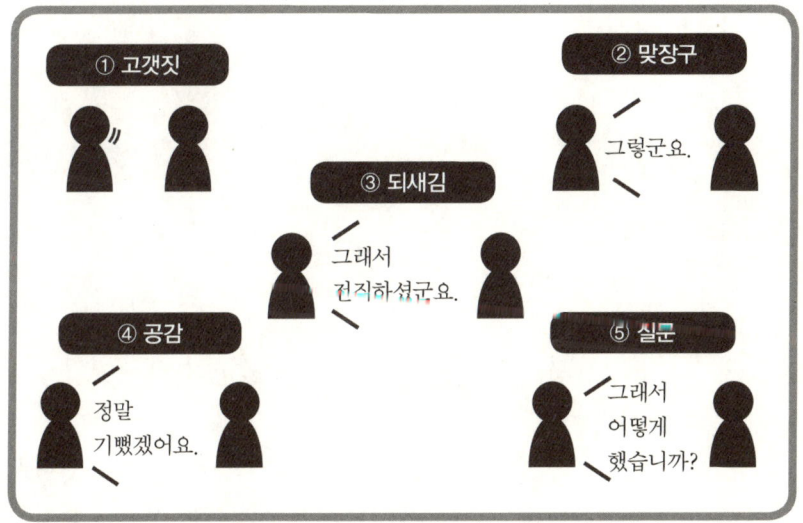

하지 않던 사람이 하려면 어색할 수 있는데, 그건 시간이 해결해준다. 그것도 생각보다 짧은 시간이. 이 기술들은 금방 몸에 익는다. 그럼 당신도 '듣기의 달인'이 될 수 있다.

> **POINT**
> 커뮤니케이션의 첫걸음은 상대와 마음을 연결하는 것이고, 마음을 연결하는 대화에서 중요한 것은 경청이다.

설득하는 데에도 요령이 있다

사람을 설득하기 위한 커뮤니케이션을 심리학에서는 '설득적 커뮤니케이션'이라고 한다. 설득력 있는 사람의 특징은 말의 흐름이 단순 명쾌하다는 점이다.

그 반대로 이야기가 여기저기로 퍼져나가고 도대체 무엇을 말하고 싶은지 잘 알 수 없는 사람도 있다. 당연한 얘기지만, 그런 사람에게 설득력은 없다. 설득적 커뮤니케이션의 요령을 차례대로 익혀보자.

설득적 커뮤니케이션의 5가지 요령

① 결론을 먼저
A와 B라는 두 판매방법을 두고 말하는 경우를 생각해보자.

㉮ 저는 A 판매방법보다 B 판매방법이 좋다고 생각합니다. 그 이유는 두 가지가 있습니다. 우선 첫 번째로……. 다른 하나의 이유는…….

㉯ A 판매방법에는 ~와 같은 이점이 있습니다. 하지만 ~이라는 난점도 있습니다. B 판매방법에도 ~와 같은 이점이 있습니다. 물론 ~이라는 난점도 있습니다. 어느 쪽에도 이점과 난점이 있습니다만, ~이라는 관점에서도, ~이라는 관점에서도 저는 B 판매방법이 좋다고 생각합니다.

어느 쪽이 더 설득력이 있는지는 명백하다. 같은 내용을 말하고 있지만 전자는 결론을 먼저 명시하고 있기 때문에 듣는 쪽은 '왜 B 방법이 좋다고 말하는가'에 주목하면서 이야기를 들을 수 있다. 더욱이 이유가 두 가지라고 미리 말했으므로 이유를 받아들일 서랍을 두 개 준비해서 상대의 이야기를 정리하면서 듣기가 쉬워진다.

후자의 경우는 어느 쪽이 좋다는 것인지 끝까지 듣지 않으면 알 수 없기 때문에, A와 B 각각의 이점과 난점을 차례대로 늘어놓고 있는 동안 엉거주춤한 심리상태로 들을 수밖에 없다. 사람에 따라서는 짜증스러워하기도 한다. 따라서 설득적 커뮤니케이션의 첫 번째 요령은, 결론을 먼저 말하고 나서 그 이유를 제시한다는 것이다. 이유가 여럿일 때에는 앞에서 예를 든 것처럼 이유의 수부터 먼저 제시하고 나서 그 내용을 구체적으로 설명한다.

② 데이터나 사례 제시

데이터는 객관적인 증거라고는 할 수 없다. 강조하고 싶은 논점을 뒷받침하는 자료만을 모아서 논점을 더욱 유리하게 가공해서 제시하는 것이 보통이다. 그럼에도 데이터를 제시하면 설득력이 비약적으로 상승한다. 어떤 상품의 판매전략이 성공적이라고 주장하기 위해서 작년이나 재작년의 판매추이와 비교해서 판매량이 순조롭게 증가하고 있음을 보여주는 데이터를 제시할 수도 있다. 그러나 그 상품시장이 크게 확대되는 중이고 다른 경쟁 회사들의 동종상품과 비교할 경우에는 매년 점유율이 떨어지고 있을 수도 있다. 어느 쪽의 데이터를 제시하는가에 따라서 성공을 강조할 수도, 우려를 강조할 수도 있는 것이다.

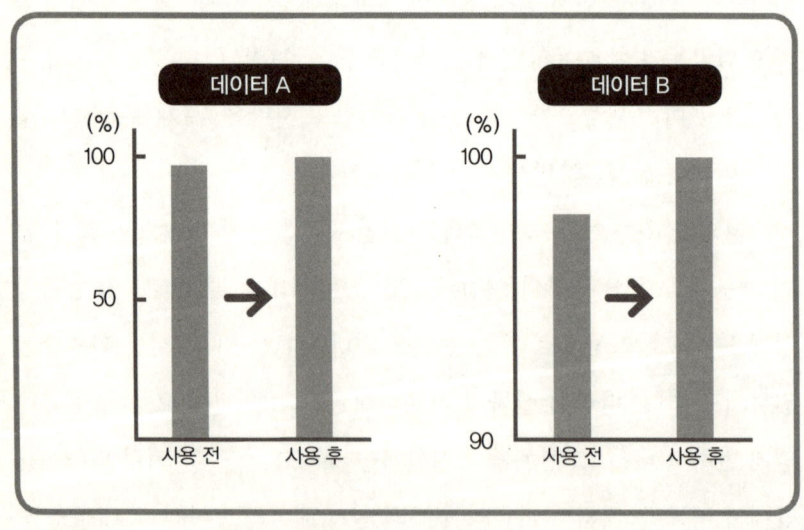

시각 효과를 노린 데이터 가공

또 앞의 그림과 같이 시각효과를 노린 데이터 가공도 자주 사용된다. A와 B는 같은 데이터를 나타내고 있다. 어떤 운동기구의 사용 전후의 건강도 수치를 나타낸 것이다. 그렇지만 제시방법을 궁리해 효과를 강조한 B의 경우가 훨씬 설득력이 있다. 사람은 감각적인 호소에 매우 약하다. 이런 데이터를 잠시 보는 것만으로도 설득되어버린다. 수치화하기 어려운 경우, 사례를 제시하면 직관적으로 이해하기 쉬워진다. 이때 가능한 한 구체적이고 비근한 사례를 제시하는 것이 요령이다.

③ 단순 명쾌한 흐름

말은 단순할수록 그리고 명쾌할수록 설득력이 있다. 이야기가 어디로 튈지 모르게 산만하고 지엽적이거나 같은 내용을 반복하는 경우, 도대체 무엇을 말하고 싶은지 알 수 없다. 듣는 사람을 설득하는 게 아니라 화나게 만들 수도 있다. 이야기의 흐름이 단순하고 명쾌하지 못한 이유는, 이것저것 모두 포함하려고 하기 때문이다. 그럼 이야기의 줄기가 흐릿해져버리는 것은 당연하다.

상대는 나와는 다른 사람이므로 세세한 배경 등은 모른다. 이쪽의 생각을 그대로 알아줄 것이라고 기대할 수는 없다. 그리고 대부분의 경우 그럴 이유도 없다. 따라서 말하고자 하는 바를 분명히 하고, 말하고 싶은 것이 많아도 과감하게 잘라서 단순 명쾌한 흐름을 만드는 것이 중요하다. 그렇게 하지 못하면 도저히 다른 사람을 이해시킬 수 없다.

단순 명쾌한 흐름을 만들기 위해서는 연습이 필요하다. 하지만 방법은 의외로 쉽다. 말하고 싶은 것을 단적으로 드러내는 표현을 조목별로

'단순 명쾌한 흐름' 만드는 연습의 한 예

산전 연수 = 여러 가지 상품지식, 접객 매너, 커뮤니케이션 기술의 습득

⬇

판매 실습 = 실제 접객 경험, 매일의 노력·궁리

⬇

사후 연수 = 개선점의 반성, 기분의 공유, 지식이나 기술의 재확인

⬇

판매점에 배치

써서 차트처럼 배치하는 연습을 해두는 것이다.

④ 동조심리 활용

절대적인 자신감을 가진 사람은 없다. 자기의 판단을 절대적으로 자신하기도 어렵다. 그러므로 헤맨다. A인지 B인지 헤매다 곰곰이 생각한 끝에 A를 선택한 경우에도 '어쩌면 B가 좋았을지도 모른다'는 생각이 머리를 스친다. 그런 때에 많은 사람들이 기준으로 삼는 것이 다른 사람의 동향이다. 자신의 판단이 다른 사람 모두와 같다면 안심할 수 있다. 우

■ 동조심리 집단에 있어서 자기의 의견이나 판단, 행동이 다른 구성원들과 다른 경우 주위에 맞추는 식으로 자기의 의견이나 판단, 행동을 바꾸려고 하는 심리.

리는 객관적인 기준이 없을 때에는 다른 사람의 동향을 기준으로 해서 판단하는 경우가 많다. 예를 들면, 보험계약 등은 많은 내용이 조합되어 매우 알기 어렵다. 무릇 얼마쯤 보장되면 안심해도 되는지, 자기의 수입으로는 어느 정도의 계약이 타당한지에 대한 명확한 기준이 없다. 그래서 다른 많은 사람들이, 특히 자기와 연령이나 수입 면에서 비슷한 사람들이 어떻게 하고 있는지가 궁금해진다. 자기와 조건이 비슷한 사람들의 동향을 알면 그것을 기준으로 판단할 수 있다. 그럼 타당한 판단을 했다는 안도감을 얻는다.

그러므로 권하고 싶은 내용이 설득력을 갖게 만들려면 상대와 비슷한 조건을 가진 사람들에 관한 정보를 모아서 그것에 근거해 권하는 내용을 조립해야 한다. 구체적인 사례를 제시하거나 평균적인 동향을 드러내는 수치를 제시해서 "대략 이와 같이 되고 있습니다"라고 설명하면 설득력을 갖게 된다.

⑤ 긍정적인 흐름

이야기의 흐름이 설득적 커뮤니케이션의 관건임은 충분히 이해했을 것이다. 그 흐름에 탄력을 붙이는 것이 긍정적인 흐름을 만드는 것이다. 즉, 상대로부터 그러네요, 과연 등과 같은 긍정적인 맞장구를 이끌어내는 것이다. 예를 들어보자.

"요즈음 지구의 온난화로 여름이 더워서 큰일이네요."
→ "그러네요."

"옛날엔 부채만 있어도 아쉬운 대로 여름을 보낼 수 있었는데 말이죠."
→ "그러고 보니 그랬네요."
"지금은 에어컨이 필수품이 된 것 같아요. 그렇지 않나요?"
→ "맞아요. 없는 곳이 없죠."
"하지만 에어콘을 계속 사용하면 몸에 좋지 않아 걱정이죠."
→ "그렇죠."
"그래서 에어컨 사용을 줄이는 상품이 나왔어요. 바로 이런 거죠."
→ "아, 그런가요?"

긍정적인 흐름은 긍정하지 않을 수 없는 흐름을 만드는 것이다. 그런 흐름을 만들어내면 듣는 사람은 상대가 하는 말에 의문을 갖는 마음가짐이 무너진다. 물론 이 경우 긍정하지 않을 수 없을 만한 내용을 깔끔히 준비하고 있기 때문에, 설득적 커뮤니케이션이 된다.
　부정적인 마음가짐을 만들지 않고 긍정적인 마음가짐을 만들 것. 그를 위해 상대가 긍정하지 않을 수 없는 대화의 캐치볼로 가져가야 한다.

> **POINT**
> 이야기를 긍정적이고 단순 명쾌한 흐름으로 만드는 것, 그것이 설득력을 높이는 요령이다.

비즈니스의 성패를 좌우하는 첫인상

비즈니스의 성패는 사람들에게 주는 인상에 크게 영향을 받는다. 호감이 가는 사람은 신용하기 쉽다. 신용할 만한 사람에게 일을 맡기는 건 당연하다. 누구라도 의심쩍은 사람, 믿지 못할 것 같은 사람에게 일을 맡기고 하지는 않는다.

비즈니스의 기본은 일을 확실히 할 수 있는 능력을 갖추는 것이다. 하지만 어렵게 지식과 기술을 갖추었다 해도, 상대가 '이 사람에게 맡기고 싶다'고 마음먹지 않으면 비즈니스는 성립되지 않는다. 그래서 중요한 것이 **첫인상**이다. 첫 대면에서 받은 인상은 그 후의 관계에 큰 영향을 미친다. 사회심리학자 애쉬는 심리실험으로 이런 사실을 증명해냈다. 실험내용은 다음과 같다.

■ 첫인상 최초에 주는 인상. 사람들은 최초에 주어진 정보에 따라서 일정한 인물상이 완성되면, 그 후에 들어오는 정보는 이미 완성된 틀에 일치되도록 왜곡시켜서 받아들이는 경향이 있다.

우선 사람들에게 어떤 인물 X에 대해 6개의 형용사로 소개한다. 물론 사람들은 X에 대해 알지 못한다. 그때 형용사를 아래 계열A와 같은 순서로 전달한 경우와 계열B와 같은 순서로 전달한 경우, X에 대한 사람들의 인상이 달라지는지, 달라진다면 어떻게 달라지는지 확인하는 것이다.

그 결과 계열B보다 계열A의 방식이 좋은 인상을 주는 걸로 나타났다. 계열A와 B는 6개의 형용사가 모두 같고 순서만 다르다. 그럼에도 불구하고 주는 인상은 다르다. 여기에서 말할 수 있는 것은 '순서가 중요하다'는 것이다.

계열A의 경우, 6개의 단어를 듣는 사람에게는 '지적인, 부지런한'이라는 긍정적인 의미를 갖는 정보가 가장 먼저 뛰어들어온다. 그리고 미지

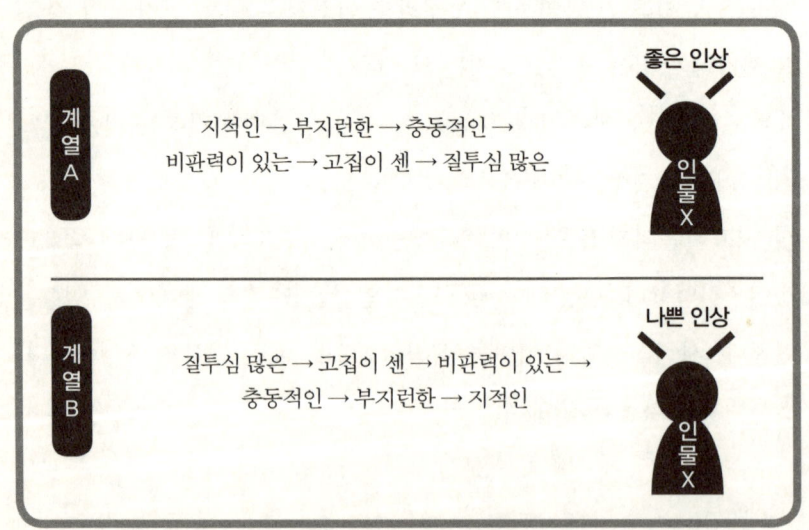

인상을 주는 방식의 차이

의 인물 X에 대한 긍정적인 인상이 만들어진다.

이렇게 긍정적인 구조가 만들어진 뒤에 '충동적'이나 '비판력이 있는'이라는 좋다고도 나쁘다고도 판단하기 어려운 중성적인 의미의 정보가 들어오면, '행동력이 있고 활발하다'거나 '이해력이 있고 머리가 좋다' 등 긍정적인 방향으로 해석된다. 그러면 호감은 더욱 강화된다. 거기에 '고집이 센, 질투심 많은'이라는 결점을 드러내는 부정적인 의미를 갖는 정보가 들어오더라도 그다지 부각되지 않는다.

계열B의 경우는 그 반대의 일이 일어난다. '질투심 많은, 고집이 센'이라는 부정적인 의미를 갖는 정보가 먼저 뛰어들어옴으로써 미지의 인물 X에 대해 부정적인 인상이 만들어진다.

이런 부정적인 구조에 따라서 '비판력이 있는'이나 '충동적'이라는 정보는 '억지 이론이 많고 사람을 비난한다'거나 '공격적이고 무엇을 저지를지 모른다' 등 부정적인 방향으로 해석되어 나쁜 인상을 더욱 강화시킨다. 그런 다음에는 '부지런한'이나 '지적인'이라는 장점을 드러내는 정보가 들어오더라도 별 영향을 미치지 못한다.

이 실험은 최초에 주어진 인상이 얼마나 중요한지를 알게 한다. 첫인상의 좋고 나쁨에 따라 그 후의 관계가 진전되거나 차단되기도 한다. 그럼 첫인상에 가장 많은 영향을 주는 것은 무엇일까? 그것은 외관이다.

외관의 중요성을 이야기하면, "사람을 외관으로 판단해서는 안 되며, 사람의 가치는 내용에서 결정된다"고 말하는 사람들이 많을 것이다. 그것이 정론이다. 중요한 것은 내용이고 외관에 속아서는 안 된다. 그러나 현실은 어떠한가?

같은 에세이에 서로 다른 사진을 붙여 사진 속 인물이 쓴 것으로 소개하여 평가받는 심리실험을 실행하였다. 그 결과 같은 에세이라도 사진의 인물이 매력적일수록 평가가 높아졌다. 우리가 무의식 속에서 얼마나 외관에 좌우되는지를 여실히 말해주는 실험결과라고 할 수 있다. 극단적으로 말하면 "사람은 외관이 전부니까 외관을 가다듬어라"는 말도 반드시 거짓말이라고는 할 수 없다.

내용을 충실하게 하는 것이 무엇보다도 중요함은 말할 필요도 없다. 하지만 내용이 훌륭해도 외관에서 정당하게 평가받지 못하고 손해를 보는 사람도 적지 않다. 거기에 개선의 여지가 있는 것이다.

다른 사진을 붙인 같은 에세이에 대한 평가

자신이 다른 사람에게 주는 인상을 가다듬는 것을 심리학에서는 ▪**인상 매니지먼트**라고 한다. 여기에서는 인상 매니지먼트의 기본을 설명해보자.

외관이라 하면 제일 먼저 생각나는 것이 복장이다. 레프코비치 팀은 심리실험으로 복장의 효과를 증명했다. 실험은 횡단보도에서 이루어졌다. 신호대기를 하고 있는 사람들 앞으로 어떤 남성이 나아가서 보행자용 신호가 아직 적색인데도 횡단보도를 건너기 시작한다. 그러면 주위의 사람들이 그것에 이끌려서 횡단하기 시작하는지를 관찰하는 것이다. 실험은 두 가지 경우로 나뉘어 이루어졌는데, 그 남성이 한 번은 정장을 입고 한 번은 작업복을 입고 실험을 반복하였다.

그 결과가 아주 흥미롭다. 그 남성이 넥타이를 매고 말쑥한 코트를 입었을 때에는 그에게 이끌려서 신호를 무시하고 횡단하는 사람이 많았고, 작업복을 입었을 때에는 이끌리는 사람이 별로 없었다. 이런 결과는 많은 사람들이 복장으로 사람을 판단하고 있음을 보여주는 것이고, 말쑥하게 차려입은 사람의 행동은 타당한 것으로 받아들여지기 쉽다는 것을 보여준다.

이를 통해 말할 수 있는 것은, TPO_{Time, Place, Occasion}에 따라 복장에 유의하는 것이 매우 중요하다는 지극히 당연한 말이다. 당연하다고는

▪**인상 매니지먼트** 자신이 다른 사람에게 주는 인상을 효과적으로 컨트롤하는 일. 자신이 다른 사람에게 주기 쉬운 인상을 알아두는 것은 물론이고, 어떠한 태도나 언동, 외관, 복장이 어떤 인상을 주는지에 입각할 필요가 있다.

했지만 소홀하기 쉬운 것도 사실이다. 개성을 중시하는 시대이므로 폭넓게 받아들여질 것이고 다소 소홀해도 괜찮을 것이라는 안이한 생각을 하기 쉽기 때문이다.

우선 복장은 목적에 유의해 선택해야 한다. 신뢰를 얻고 싶을 때는 말쑥하게 차린 복장, 여유 있고 친밀한 이미지를 주고 싶을 때에는 편안한 복장과 같은 식이다.

색깔도 중요한 요인이라고 할 수 있다. 각각의 색에는 저마다 환기하기 쉬운 이미지가 있다. 그런 색의 이미지가 그 색의 옷을 걸친 인물의 인상에 영향을 준다.

예를 들어, 같은 인물이라도 검정이나 감색 등 어두운 색의 옷을 입으면 안정된 느낌을 주고, 하양, 핑크, 황색 등 밝은 색의 옷을 입으면 경쾌한 느낌을 준다. 어두운 색은 내부로의 운동을 느끼게 함으로써 무거운 이미지를 환기하고, 반대로 밝은 색은 외부로의 운동을 느끼게 함으로써 가벼운 이미지를 환기하기 때문이다. 그러므로 중후하고 안정된 이미지를 강조하고 싶을 때에는 어두운 색의 복장, 경쾌하고 즐거운 이미지를 강조하고 싶을 때에는 밝은 색의 복장을 선택하는 것이 좋다.

색은 크기의 판단에도 영향을 준다. 어두운 색에는 수축성이 있고, 밝은 색에는 팽창성이 있다. 크기가 같아도 어두운 색으로 칠한 상자보다 밝은 색으로 칠한 상자가 더 크다고 생각된다. 그러므로 날씬하게 보이고 싶을 때에는 어두운 색의 복장이 좋고, 크게 보이고 싶을 때는 밝은 색의 복장이 좋다.

색은 온도 감각에도 영향을 준다. 빨강이나 오렌지색, 노랑 등은 따뜻한 느낌을 주면서, 화려하고 적극적이며 감정적이고 어수선하다는 인상을 주기 쉽다. 반면 파랑이나 청록, 청자색 등은 차가운 느낌을 주면서, 고요하고 수수하며 이성적이고 소극적이라는 인상을 주기 쉽다. 그러므로 떠들썩하고 따뜻하며 친해지기 쉬운 유형으로 보이고 싶을 때는 따뜻한 느낌의 색을 고르고, 시원하고 이성적이며 명석한 유형으로 보이고 싶을 때는 시원한 느낌의 색을 선택하는 것이 좋다.

색깔마다 환기하기 쉬운 이미지를 정리하면 다음 표와 같다. 인상 매니지먼트에서 색이 환기하기 쉬운 이미지에 대한 지식은 빠뜨려서는 안 되는 중요 요소이다.

여성의 경우, 복장과 더불어 화장이나 머리모양, 액세서리도 외관의

노랑	유쾌, 쾌활, 상쾌, 단순	파랑	젊음, 이론적, 약함, 소극적, 불안, 눈물, 침묵
초록	자연, 낙관, 조화	자주	질투, 여성적, 신비, 개성적
빨강	열정, 흥분, 농염, 애정, 힘, 적극적, 야망	오렌지	웃음, 농담, 약동

색깔별 환기하기 쉬운 이미지

인상에 큰 영향을 준다. 인상 매니지먼트에서는 목적에 따라서 외관을 얼마나 가다듬는가가 중요한 포인트이다. 그 밖에 목소리나 말투, 몸짓이나 자세도 인상 형성에 큰 영향을 준다.

 의외로 많은 사람들이 다른 사람들에게 자신이 어떤 인상을 주고 있는지 잘 모른다. 유효한 인상 매니지먼트를 위해서는 자신의 복장이나 액세서리, 화장이나 머리모양, 목소리나 말투, 몸짓이나 자세 등에 어떤 버릇이 있는지를 알아두는 것이 중요하다. 그러기 위해서라도 주위 사람들의 의견에 귀를 기울이는 것이 좋다.

> **POINT**
> 인상도 커뮤니케이션에 많은 영향을 미친다. 다른 사람에게 주는 인상을 컨트롤함으로써 커뮤니케이션 능력이 현격하게 상승한다.

커뮤니케이션을 좌우하는 나의 성격

커뮤니케이션은 개인과 개인의 상호교섭이고, 상대의 개성과 자신의 개성의 충돌이다. 따라서 훌륭한 커뮤니케이션을 위해서는 상대의 개성과 자신의 개성을 움켜쥐고 적확한 조정을 해야 하고, 그러기 위해서는 적어도 대인관계에서 나타나는 자기 자신의 성격을 알아둘 필요가 있다.

간단한 성격 테스트를 해보자. 다음 페이지의 성격 테스트는 1995년에 필자가 작성한 것으로 지금까지 몇 차례 개정해왔다. 사용방법은 매우 간단하다. 25개 항목의 질문에 대해 각각 '맞다 / 어느 정도 맞다 / 어느 쪽이라고도 말할 수 없다 / 그다지 맞지 않다 / 맞지 않다' 중 하나를 선택한 다음, 그에 맞는 숫자를 괄호 안에 적어 넣기만 하면 된다. 시험 삼아 자신의 성격을 돌아보면서 답해보자.

대인관계에서 나타나는 성격 테스트

> 5 : 맞다 4 : 어느 정도 맞다 3 : 어느 쪽이라고도 말할 수 없다
> 2 : 그다지 맞지 않다 1 : 맞지 않다

(　) 1. 비판적인 말을 자주 한다.

(　) 2. 사람들에게 친절하다.

(　) 3. 면밀한 계획 세우기를 좋아한다.

(　) 4. 충동적인 면이 있다.

(　) 5. 우유부단하여 좀처럼 결단하지 못한다.

(　) 6. 완고하여 융통성이 없는 면이 있다.

(　) 7. 쓸데없이 참견하려는 면이 있다.

(　) 8. 대개 냉정하게 행동할 수 있다.

(　) 9. 기분이 표정에 쉽게 드러난다.

(　) 10. 자신을 억제하여 다른 사람에게 맞추는 편이다.

(　) 11. 자신의 생각을 다른 사람에게 밀어붙이려는 면이 있다

(　) 12. 다른 사람을 비판하기보다 칭찬하는 때가 많다.

(　) 13. 의문점을 명확하게 하지 않으면 개운하지 않다.

(　) 14. 말하고 싶은 것은 거리낌 없이 말하는 편이다.

(　) 15. 자신을 갖지 못하고 주저하는 면이 있다.

(　) 16. 다른 사람의 부정이나 태만에는 엄격한 편이다.

(　) 17. 정에 약하다.

(　) 18. 손익을 고려해서 행동하는 면이 있다.

(　) 19. 제멋대로 구는 면이 있다.

(　) 20. 말하고 싶은 것을 말하지 않아 후회하는 때가 많다.

(　) 21. 다른 사람을 이끌어가는 편이다.

(　) 22. 다른 사람에 대해서 무른 면이 있다.

(　) 23. 빈틈없는 면이 있다.

(　) 24. 농담하거나 장난치는 때가 많다.

(　) 25. 다른 사람에게 솔직한 편이다.

성격 테스트의 득점표

부성
항목1 + 항목6 + 항목11 + 항목16 + 항목21 = (　　)점

모성
항목2 + 항목7 + 항목12 + 항목17 + 항목22 = (　　)점

현실성
항목3 + 항목8 + 항목13 + 항목18 + 항목23 = (　　)점

분방성
항목4 + 항목9 + 항목14 + 항목19 + 항목24 = (　　)점

동조성
항목5 + 항목10 + 항목15 + 항목20 + 항목25 = (　　)점

대답이 끝나면 위의 식에 따라서 다섯 항목씩 (　) 안의 숫자를 합하여 **부성**父性, **모성**母性, **현실성**現實性, **분방성**奔放性, **동조성**從順性 등 5가지 성격에 득점을 산출한다.

다섯 가지의 점수는 25점 만점으로 20점 이상이면 그 성질이 강하고, 10점 이하면 그 성질이 약한 것이 된다. 그리고 이 다섯 가지 마음의 득

- **부성**　다른 사람을 이끌어 단련하는 엄격한 마음. 명령하거나 격려하거나, 해야만 하는 일을 향해 몰아세우거나 꾸짖거나 벌을 줌으로써 다른 사람을 엄격하게 단련하려는 마음.
- **모성**　다른 사람을 따뜻하게 감싸는 부드러운 마음. 다른 사람의 마음에 공감하고 위로하고 과오를 용서하고 보호하는 등 선악을 가리지 않고 있는 그대로 받아들이려는 마음.
- **현실성**　사회적응을 재촉하는 현실적인 마음. 눈앞의 상황을 적확하게 파악하고 사실을 냉정하게 판단하고 현실에 대하여 효과적으로 대처하는 마음.

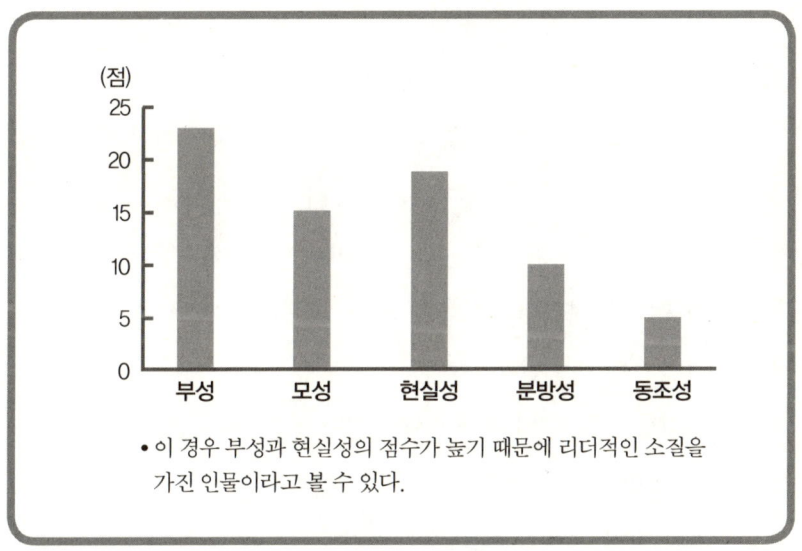

마음의 편향을 나타내는 에고그램의 일례

- 이 경우 부성과 현실성의 점수가 높기 때문에 리더적인 소질을 가진 인물이라고 볼 수 있다.

점을 그래프화한 것을 ■**에고그램**egogram이라고 한다.

이제 각자 테스트 결과를 바탕으로 에고그램을 작성해보자. 에고그램을 작성해보면 자신의 다섯 가지 마음의 편향이 일목요연해진다. 거기에 당신 자신의 개성이 나타나 있다.

- ■**분방성** 어떤 것에도 얽매이지 않는 자유분방한 마음. 생각한 그대로를 표현하고 자발적으로 움직이며 악의가 없고 때로는 제멋대로 행동하는 등 천진난만하며 활력이 넘치는 마음.
- ■**동조성** 다른 사람을 순순히 따르는 마음. 권위나 명령에 따르며 자신의 의견이나 마음을 억제해서 다른 사람에게 맞추려고 하는 협조적이고 동시에 소극적인 마음.
- ■**에고그램** 자아도표(自我圖表)라고도 한다. 임상심리학자 번의 교류분석을 바탕으로 제자 듀세이가 개발하였다. 여기에서 소개하는 다섯 가지 마음의 강약을 그래프로 나타내는 일본판 에고그램 측정 척도는 널리 이용되는 에고그램이다.

이때, 주의해야 할 점은 부성, 모성, 현실성, 분방성, 동조성이라는 다섯 가지의 마음 각각의 특징을 단독으로만 보지 말고 그 조합을 보아야 한다는 것이다. 예를 들면, 부성도 현실성도 강한 사람은 리더적인 소질을 가진 인물이라고 할 수 있다. 이것에 더해서 모성도 강하다면 잘 보살펴주는 보스기질·여장부기질의 인물, 나아가서 분방성도 강하다면 친해지기 쉬워서 믿음직하기도 한 사람이 된다. 한편 모성이나 분방성이 약해서 부성과 현실성이 돌출해 있는 경우는, 비록 유능하더라도 접근하기 어려운 인물이 된다.

모성이 강한 사람은 그 따뜻한 분위기가 주위 사람들의 기분을 부드럽게 한다. 분방성도 강하다면 밝고 잘 보살펴주는 인물이 된다. 나아가서 현실성도 강한 경우는 허물없이 상담할 수 있는 믿음직한 인물이 된다. 다만 모성에 더해서 동조성이 강하고 분방성이 약한 경우에는 우물쭈물해서 게정스러운 인물이 될지도 모른다.

현실성이 강한 사람은 현실 사회를 훌륭하게 헤쳐나갈 수 있고, 일에서도 인간관계에서도 잘 적응함과 동시에 무난하게 행동할 수 있다. 그렇지만 모성이나 분방성이 약한 경우에는 그 냉정함만이 두드러져서 빈틈없는 느낌으로 받아들여지거나 친한 관계가 되기 어려워지기도 한다.

분방성이 강한 사람은 사고방식도 감정표현도 자유롭고 마음대로 행동하기 때문에, 그것이 좋은 방향으로 발휘되는 경우는 생기가 넘쳐 매력적인 인물이 된다. 유머러스하고 재미있는 인물, 기성관념에 얽매이지 않는 풍부한 발상의 인물이라는 식으로 받아들이게 된다. 여기에 모성이나 동조성도 적당히 있다면 좌중의 사기를 높이고 친밀한 분위기를 이끌어내는 불가사의한 능력을 발휘하기도 한다. 하지만 분방성이 좋지 않은 방향으로 발휘된 경우는 제멋대로이고 방자한 면이 전면으로 나오기 쉽고, 사귀기 어려운 인물이 되기도 한다.

동조성이 강한 인물은 조심스럽고 솔직한 점이 주위에 호감을 준다. 자기주장만 하지 않고 협조적인 태도나 행동을 취하기 때문에 일에서도 사생활에서도 대인 장애가 되기 어렵다. 다만 지나친 조심성이 친밀한 관계가 되기 어렵게 하거나, 약한 영향력이나 자신감 결여가 매력을 느끼기 어렵게 하는 면이 있다. 동조성만이 돌출해 있는 경우에는 언뜻 보아 조심스럽고 호감을 가질 수 있는 인물이라고 해도 가깝게 사귀면 지나치게 쌓여서 불만이나 푸념이 많은 인물이 될지도 모른다.

다섯 가지의 마음은 누구나 가지고 있는 것이다. 그리고 어떤 마음이 강하면 더 좋은 것도 아니다. 다섯 가지 마음의 편향이 그 사람의 개성을 나타낸다. 그것이 인간관계에 끊임없이 영향을 주고 있다.

다시 한 번 자신의 에고그램을 차분히 바라보자. 거기에는 다른 사람과의 커뮤니케이션에 영향을 주는 당신 자신의 개성이 나타나 있다. 에고그램에 입각해 과거의 커뮤니케이션의 과실을 뒤돌아보기 바란다. 잘 풀리지 않았던 인간관계에 있어서 어떤 마음의 과잉이 나쁜 방향으로 작용했는지 혹은 어떤 마음의 부족이 문제가 되었는지를 알면, 앞으로의 커뮤니케이션을 개선할 수 있다.

커뮤니케이션은 상대가 있는 법이다. 내가 아무리 잘하기를 원한다고 해도, 상대의 의사도 있기 때문에 좀처럼 생각대로 되지는 않는다. 그렇지만 커뮤니케이션은 상호작용이다. 나의 마음이 움직이는 방식이 바뀌면 반드시 상대의 마음이 움직이는 방식도 바뀐다. 자기 분석의 결과를 바탕으로 시험해보자.

부족한 마음을 보충하고 자신 있는 마음을 활용하면, 어떤 상대와의 커뮤니케이션도 개선할 수 있다.

| 참고도서 |

≪삶의 보람 상실의 고뇌 - 현대의 정신요법≫, Frankl, V. E., 엔데를레서점, 1982.

≪의미에 대한 의지≫, Frankl, V. E., 오사와 히로시(大澤博) 역, 브레인출판, 1979.

≪오프티미스트는 왜 성공하는가≫, Seligman, E. P., 야마무라 요시코(山村宜子) 역, 고단샤문고, 1994.

≪카운슬링 입문≫, 사지 모리오(佐治守夫), 고쿠도신서(国土親書), 1966.

≪기업의 인간적 가치≫(신판), McGregor, D., 다카하시 미야지마(高橋達男) 역, 산업능률대학출판부, 1970.

≪커리어 앵커 - 자신의 진정한 가치를 발견하자≫, Schein, E. H., 가나이 히사시(金井壽宏) 역, 하쿠토우서방(白桃書房), 2003.

≪커리어 다이내믹서 - 커리어란 생애를 통한 인간의 삶의 방식·표현이다≫, Schein, E. H., 나무라 도시코(二村敏子), 미요시 가츠요(三善勝代) 역, 하쿠토우서방(白桃書房), 1991.

≪격동사회 속의 자기 효력≫, Bandura, A.(ed.), 혼묘(本明寬), 노구치 교고(野口京子) 감역, 가네코서방(金子書房), 1997.

≪자아동일성 - 아이덴티티와 라이프사이클≫, Erikson, E. H., 小此木啓吾 편역, 세이신서방(誠信書房), 1973.

≪시간적 전망 연구 가이드북≫, 都筑學, 시라이 아키라(白井利明) 편, 나카니시야출판, 2007.

≪업무능력을 2배로 올리는 대인심리술≫, 에노모토 히로아키(榎本博明), 니케이비즈니스人文庫, 2003.

≪'자기'의 심리학 - 자신 탐구에의 권유≫, 에노모토 히로아키, 사이언스사, 1998.

≪실천 카운슬링 초보≫, 이이나가 기이치로(飯長喜一郞), 카키우치출판(垣內出版), 1998.

≪인격심리학≫(상·하), Allport, G. W., 今田惠監 역, 세이신서방(誠信書房), 1968.

≪심리학자에게서 배운다, 마음을 교류하는 기술≫, 에노모토 히로아키, 소겐사(創元社), 2010.

≪도해로 이해한다 최초의 자기분석≫, 에노모토 히로아키, 일본실업(実業)출판사, 2003.

≪성격의 판별방법≫, 에노모토 히로아키, 소겐사(創元社), 1996.

≪청년≫, 森鷗 외, 이와나미문고, 1948.

≪내발적 동기부여 - 실험사회심리학적 어프로치≫, Deci, E. L., 安藤延男·石田梅男 역, 세이신서방(誠信書房), 1980.

≪인간성의 심리학≫(개정신판), Maslow, A. H., 오쿠치 다다히코(小口忠彦) 역, 산업능률대학출판부, 1987.

≪최초로 밝히는 심리학≫, 에노모토 히로아키, 사이언스사, 2003.

≪사람은 어떻게 배우는가 - 일상적 인지의 세계≫, 하타노 기요(波多野誼余夫)·이나가키 가요코(稲垣佳世子), 츄코신서(中公新書), 1989.

≪발달심리학≫, 에노모토 히로아키 편, 오후, 2010.

≪불가사의할 정도로 의욕이 솟는 교과서≫, 에노모토 히로아키, 미카사서방(三笠書房), 2010.

≪프로페셔널의 원점≫, Drucker, P. F. & Maciariello, J. A., 우에다 아쯔시생(上田惇生) 역, 다이아몬드사, 2008.

≪포지티브 심리학 - 21세기 심리학의 가능성≫, 시마이 사토시(島井哲志) 편, 나카니시야출판, 2006.

≪포지티브 심리학의 전개≫, 현대의 에스프리 512 호리케 가즈야(堀毛一也) 편, 교세이, 2010.

≪'참된 자기'를 만드는 방법 - 자기 이야기의 심리학≫, 에노모토 히로아키, 고단샤현대신서, 2002.

≪매니지먼트 에센셜판 - 기본과 원칙≫, Drucker, P. F., 우에다 아쓰시생(上田惇生) 역, 다이아몬드사, 2001.

≪길을 열다≫, 마츠시타 고노스케(松下幸之助), PHP연구소, 1968.

≪의욕의 심리학≫, 미야모토 미사코(宮本美沙子), 소겐사(創元社), 1981.

≪라이프사이클, 그 완결≫, Erikson, E. H., 村瀨孝雄・近騰邦夫 역, 미쯔즈서방, 1989.

≪라이프사이클의 심리학 상・하≫, Levinson, D. J., 南博 역, 교단샤학술문고, 1992.

≪인지요법의 이론과 실제≫, 고쿠부 야스타카(国分康孝) 편, 세이신서방(誠信書房), 1999.

≪'나'의 심리학적 탐구 - 이야기로서의 자기의 관점에서≫, 에노모토 히로아키, 유희가쿠(有斐閣), 1999.